守護霊メッセージ

女優・芦川よしみ 演技する心

大川隆法

Ryuho Okawa

本霊言は、2016年3月18日、幸福の科学総合本部にて、
公開収録された（写真上・下）。

まえがき

私は、長く活躍し続けられる人には、必ず何か人知れぬ努力や心構えがあると思っている。

今回、女優・芦川《あしかわ》よしみさんの守護霊から、『演技する心』というお話を戴《いただ》いて、まるで『人生論』を伺《うかが》っているかのような感慨《かんがい》にうたれた。彼女にとって、様々《さまざま》な演技に体当《たいあた》りしてきたことが、同時に、ご自身の「心を磨《みが》く」道でもあったのだろう。言外《げんがい》には、「総裁《そうさい》にも、人の生きる道を説くためには、色々《いろいろ》な、苦しいこと、悲しいことがあったのではないですか。」と言われているような気がした。

一九九〇年代に、当会のラジオ番組「天使のモーニングコール」が始まった時、芦川よしみさんには、初代パーソナリティを何年か務《つと》めて頂《いただ》いた。今は、その時代を知らない人たちも成人してきた。私も苦しい時代に、芦川さんのラジオの声に何度も励《はげ》まされた。戦っているのは、自分一人ではないんだと、くり返し、心に刻《きざ》んだ日々でもあった。

二〇一六年　十一月十二日

幸福《こうふく》の科学《かがく》グループ創始者兼総裁《そうししゃけんそうさい》

ニュースター・プロダクション会長《かいちょう》

大川隆法《おおかわりゅうほう》

守護霊メッセージ
女優・芦川よしみ　演技する心

目次

守護霊《しゅごれい》メッセージ　女優・芦川《あしかわ》よしみ　演技する心

二〇一六年三月十八日　収録
東京都・幸福の科学総合本部にて

1

霊言《れいげん》とは？

「霊言《れいげん》」とは、あの世の霊を招き、その思いや言葉を語り下ろす神秘現象のことです。これは高度な悟《さと》りを開いている人にのみ可能なものであり、トランス状態になって意識を失い、霊が一方的にしゃべる「霊媒《れいばい》現象」とは異なります。

守護霊《しゅごれい》霊言とは？

また、人間の本質は「霊」(「心」「魂《たましい》」と言ってもよい) であり、原則として6人で1つの魂グループをつくっています。それを、幸福の科学では「魂のきょうだい」と呼んでいます。

魂のきょうだいは順番に地上に生まれ変わってきますが、そのとき、あの世に残っている魂のきょうだいの一人が「守護霊」を務めます。つまり、守護霊とは自分自身の魂の一部、いわゆる「潜在《せんざい》意識」と呼ばれている存在です。本人の地上での人生経験等の影響により、本人と守護霊の意見が異なるように見える場合もありますが、「守護霊の霊言」とは、本人の潜在意識にアクセスしたものであり、その人が潜在意識で考えている本心と考えることができます。

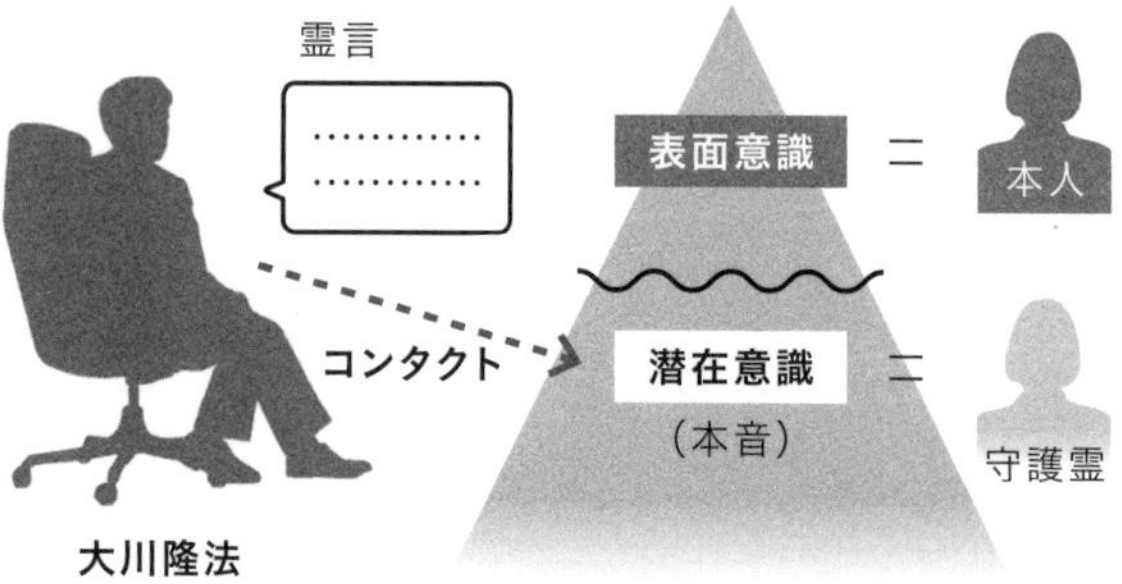

＊なお、「霊言」は、あくまでも霊人《れいじん》の意見であり、幸福の科学グループの見解と矛盾する内容を含む場合があります。

守護霊メッセージ

女優・芦川よしみ

演技する心

2016年3月18日　収録

東京都・幸福の科学総合本部にて

Profile

芦川《あしかわ》よしみ

(1958〜)

女優・歌手。東京都出身。1969年、児童劇団に所属、映画・ドラマ・舞台《ぶたい》等で幅広《はばひろ》く活躍《かつやく》。出演作はドラマ「水戸黄門《みとこうもん》」、映画「1リットルの涙《なみだ》」ほか、多数。76年、「雪ごもり」で第18回日本レコード大賞新人賞を受賞。86年、武田鉄矢《たけだてつや》と共演したCMおよびデュエットソングが大ヒット。幸福の科学のラジオ番組「天使のモーニングコール」初代パーソナリティを務めたほか、幸福の科学出版製作の映画作品にも女優・声優として出演している。

Interviewer

質問者

竹内久顕《たけうちひさあき》(ニュースター・プロダクション〔株〕芸能統括《とうかつ》専務取締役《とりしまりやく》
兼《けん》 幸福の科学メディア文化事業局担当理事)

長谷川奈央《はせがわなお》(ニュースター・プロダクション所属)

愛染美星《あいぜんみほし》(幸福の科学メディア文化事業局スター養成部担当理事
兼 HSU講師)

＊質問順。役職は収録時点のもの

1 女優・芦川《あしかわ》よしみ守護霊《しゅごれい》に「演技する心」を訊《き》く

ベテラン女優の守護霊に、新たな「演技論」をお訊きしたい

大川隆法 （新聞を手に取り、広告面を掲《かか》げながら）今日は二〇一六年三月十八日ですが、明日《あした》から、映画「天使に〝アイム・ファイン〟」が公開されるということで、産経新聞にも広告が載《の》りました（注。二〇一六年三月十九日より、大川隆法製作総指揮の通算十作品目となる、聖地エル・カンターレ生誕館《せいたんかん》記念映画「天使に〝アイム・ファイ

映画「天使に"アイム・ファイン"」（製作総指揮・大川隆法／2016年公開）

ン〟」が全国で劇場公開された）。

芦川《あしかわ》よしみさんは、この映画に出ておられて、難しい役をされた方です。

当会は、今まで、実写映画を三本製作し、上映しています（注。いずれも製作総指揮・大川隆法）。一作目は「ノストラダムス戦慄《せんりつ》の啓示《けいじ》」（一九九四年公開）、二作目は「ファイナル・ジャッジメント」（二〇一二年公開）、そして、三作目が「天使に〝アイム・ファイン〟」ですが、芦川さんには、いつも（キャストとして）お世話になっており、そのほかに、アニメ映画（「ヘルメス――愛は風の如《ごと》く」

映画「ノストラダムス戦慄の啓示」（製作総指揮・大川隆法／1994年公開）

映画「ファイナル・ジャッジメント」（製作総指揮・大川隆法／2012年公開）

（製作総指揮・大川隆法。一九九七年公開）の声優としても出ていただいたと思います。

　なお、今は、「ニュースター・プロダクション」の再起動をかけていて、若手のスターの卵も養成中ではありますが、やはり、先輩《せんぱい》からいろいろな参考意見を聞いたほうがよいのではないかと思うことも多々あります。

　また、今日は、たまたま、明日、映画が公開されるからだと思いますが、朝の十時ごろから、芦川よしみさんの守護霊《しゅごれい》が私のところに来られました。おそらく、直接来られたのは初めてなのではないかと思いますが、その際、「私も話したいのですけれども……」というように言ってこられたのです。

　ちなみに、先日、南原宏治《なんばらこうじ》さんの「演技論」をテキスト風につくったのですが

映画「ヘルメス――愛は風の如く」（製作総指揮・大川隆法／1997年公開）

(『南原宏治の「演技論」講義』〔幸福の科学出版刊〕参照)、芦川さんの守護霊は、「やっぱり、あれだけでは、ちょっと足りないのではないでしょうか」というようにも言われました(笑)。まあ、そう言われれば、そのとおりかなとは思います。

もちろん、南原さんの話には「参考になる部分」がかなりありました。ただ、南原さんはかなり破天荒《はてんこう》な方ではあるので、それを聞いた一部の人のなかには、「ちょっと、そのままではついていけない」という感じもあったようです。

そういう意味では、少し違《ちが》ったかたちからの「演技論」というか、「演技する心」についての話もあっていいのかもしれません。そうした話を参考にしないと足りない部分があるのではないでしょうか。

昭和の個性派スターが、一流になる方法を特別講義。
『南原宏治の「演技論」講義』
(幸福の科学出版刊)

また、当会には若い女優さんたちが多いので、まだ経験不足のところがありますし、芸能界等についても知らなくてはいけない部分があるのではないかと感じるところも多々あります。そのように、常識として知っていなくてはいけない部分もあるだろうと思うのです。

そこで、今日は、芦川さんご本人が〝言いにくい部分〟を、守護霊に言ってもらおうかなと思っています。おそらく、女性という立場からのご指導なので、南原さんとは違う面があると思うのです。

芦川よしみ出演の映画で、最初に印象に残ったのは「空海《くうかい》」

大川隆法　なお、芦川さんは、私と同世代の方なので、私たちから見れば憧《あこが》れのタレントですけれども、若い人たちにとっては、まだ生まれていないころに活躍《かつやく》された方かもしれません。

（ＣＤを手に取り、掲げながら）例えば、「花火」というＣＤを出しておられますけれども、確かに、歌手としても知られています。「雪ごもり」で「第18回日本レコード大賞」（一九七六年）の新人賞を取られましたし、胃腸薬のＣＭソング「男と女のラブゲーム」や「男と女のはしご酒」もよく知られている曲で、二年連続でヒットしました。

この二曲は、私も聴《き》いてみましたが、記憶《きおく》にあります。「歌ったかもしれない」という記憶が、若干《じゃっかん》あるのです（笑）。詳《くわ》しいことは述べませんが、何となく、〝マイクを握《にぎ》ったことがある〟ような感じがします（会場笑）。遠い記憶なのではっきりとは分からないのですが、そのようなことがあったような気がするのです。

また、舞台《ぶたい》やテレビ、映画など、出られた作品は、読み上げるのも大変なくら

「花火 コンプリート・シングルス」
（芦川よしみ／ SOLID RECORDS）

いたくさんあります。

例えば、テレビでは、「水戸黄門《みとこうもん》」や、八代将軍徳川吉宗《とくがわよしむね》を描いた「暴《あば》れん坊《ぼう》将軍」などに出られています。

（手元の資料を見ながら）あるいは、映画では、ここに誰《だれ》かがつくってくださったメモがありますが、「1リットルの涙《なみだ》」（二〇〇五年公開）などが挙げられています。

ただ、私が芦川よしみさんをはっきりと覚えている最初の作品は、「空海《くうかい》」（一九八四年公開）という映画です。

今は、もうかなり大御所《おおごしょ》になっていますけれども、武井咲《たけいえみ》さんの「フラジャイル」（二〇一六年）というドラマに教授役で出てくる

映画「空海」（1984 年公開／東映）

北大路欣也《きたおおじきんや》さんが、わざわざ高野山《こうやさん》で得度《とくど》までして、つまり、僧侶《そうりょ》の資格まで取って空海を演じていました。なかなかの宗教ものなので私も観《み》に行ったのですが、その作品に芦川さんが出ておられたのです。

あれは、疫病患者《えきびょうかんじゃ》の役だったのではないかと思います。流行り病《はやりやまい》になって死んでいくような、村娘《むらむすめ》の役をされていたのを覚えています。

そのように、「死んでいくような役で印象に残す」というのは、実際、なかなか大変なことでしょう。顔にたくさん湿疹《しっしん》が出る病気になって死んでいくような役で、印象的だったのを覚えていますが、死ぬような役というのは、それほど簡単なものではありません。そうした病人がたくさん出てくる映画でしたが、きちんと演じておられたのを覚えています。

竹内　はい。

大川隆法　芦川さんの記憶として、いちばん最初に残っているのは、そのような記憶です。

「さまざまな役」を経《へ》なければ、味のある演技はできない

大川隆法　また、なぜか、このメモには書かれていませんが、映画「極道《ごくどう》の妻《おんな》たち　三代目姐《あね》」（一九八九年公開）に、確か、姐《あね》御《ご》の取り巻き役で出ておられたのではないでしょうか。グリーン系の服を着て、暴れておられたように記憶しているので、その作品にも出ておられたと思います。

さらに、「肉体の門《もん》」（一九八八年公開）という映画にも出ておられました。これは、何回も「つくり直し」「リメイク」がされている作品ではありますが、戦後の荒廃期《こうはいき》というか、「焼跡闇市派《やけあとやみいちは》」のレベルを舞台としたものです。GHQ（連

合国軍最高司令官総司令部）が日本を支配しており、まだ建物がたくさん破壊《はかい》されているなか、何とか日本が立ち直ろうとしているときの話で、もちろん、男も出てきますが、女たちがたくましく生きていこうとしているところを描いていました。

この映画には何種類かリメイク版があったと思いますが、確か、この作品にも出ておられて、ＧＨＱの米兵を相手にする娼婦《しょうふ》役をやっておられました。

（質問者の長谷川《はせがわ》に）ただ、あなたがたには、なかなか、そう簡単にはできない役だと思います。

竹内　うーん。

大川隆法　そういう役をやっておられたのを覚えていますが、なかなかいい役でしたね。五ドルだったら、私もお金を出したかもしれないぐらいの役で出ておられました（笑）。

竹内　（笑）

大川隆法　今、当会のスターたちは、清純派を目指しておられる方が多いのだろうとは思いますが、本当は、役としては、やや選《え》り好みしすぎているかもしれません。やはり、いろいろな役をこなさなければいけないのだと思うのです。以前、映画「イン・ザ・ヒーロー」（二〇一四年公開）の主演の彼も……。

竹内　唐沢寿明《からさわとしあき》さんですね。

大川隆法　ええ。彼も、「もう最初は死体役だった。海に浮《う》いている死体役から出た。三千円ぐらいの役だった」と言っていましたが（笑）、本当は、いろいろなことを経験しないとできないのです（『「イン・ザ・ヒーローの世界へ」――俳優・唐沢寿明の守護霊トーク――』（幸福の科学出版刊）、『ふたり』（唐沢寿明著・幻冬舎《げんとうしゃ》刊）参照）。

そういう、いろいろな経験をしている芦川さんのような人が、「水戸黄門」にチョロッと出てみたり、昨日《きのう》（二〇一六年三月十七日）は〝刑事《けいじ》ドラマ〟にもチラッと出たりしていました。

竹内　はい。「実録ドラマスペシャル　女の犯罪ミステリー　福田和子《ふくだかずこ》　整形逃亡《とうぼう》15年」（テレビ朝日）ですね。

下積みや裏方で頑張る人への勇気のメッセージ。『「イン・ザ・ヒーローの世界へ」――俳優・唐沢寿明の守護霊トーク――』（幸福の科学出版刊）

大川隆法　ええ。そういうドラマにも出られていましたが、チラッと出て、味のある演技をするのはそんなに簡単なことではありません。やはり、さまざまな役をやっていないとできないでしょう。

当会は、このあたりについて、まだ哲学《てつがく》が少し足りないのではないかと思うので、今後、芦川さんご本人から教えていただくこともありましょうが、今日は守護霊にお訊《き》きしたいと思います。

なお、芦川さんは、芸能活動を小学校六年生ぐらいからされているということです。もう四十年以上になりますから、これはかなり長いのではないでしょうか。

その間には、顔面に大変な怪我《けが》をして回復されたこともあります。そうした困難も経験されて現在がおありなので、（当会の芸能部門にも）「少し根性《こんじょう》を入れてもらおうかな」というのが今日の趣旨《しゅし》です（笑）。

竹内　はい。よろしくお願いします。

女優・芦川よしみさんの守護霊を招霊《しょうれい》する

大川隆法　（長谷川を指して）この人が今日の〝ターゲット〟ですか？

竹内　ええ。ニュースター・プロダクションを代表して……。

大川隆法　〝いじめられる〟？（会場笑）

長谷川　（笑）

竹内　はい（苦笑）。私も責任者なので、一緒《いっしょ》に〝お叱《しか》り〟を受けようと思いますけれども……（苦笑）。

大川隆法　ああ、そうですか。当会の場合、みんな、ややスマートな出方をするので、あとからだんだん厳しい役が出てくると、プロとして生きていくのは、それなりに大変だろうとは思います。

ただ、お呼びして聞いてみないと、どんなことを話されたいのかは分かりません。

竹内　はい。

大川隆法　（質問者に）では、よろしくお願いします。

（手を一回叩《たた》き、合掌《がっしょう》・瞑目《めいもく》する）

女優・芦川よしみさんの守護霊よ。

女優・芦川よしみさんの守護霊よ。

どうか、幸福の科学総合本部に降りたまいて、演技に関して思うところ、感じるところを私たちにお明かしくださいませ。

女優・芦川よしみさんの守護霊よ。

どうか、幸福の科学総合本部に降りたまいて、われらに、そのご本心を明かしたまえ。明らかにしたまえ。

ありがとうございます。


（約五秒間の沈黙《ちんもく》）

2 何でも演じ切る「女優魂《だましい》」

「私たちはいろんな人の人生を表現する表現者」

竹内　こんにちは。

芦川よしみ守護霊　ありがとうございます。

竹内　こちらこそ、いつもお世話になっております。

芦川よしみさんにおかれましては、三月十九日より公開の映画「天使に〝アイム・ファイン〟」にて、ガンを患《わずら》う女優の本郷吉乃《ほんごうよしの》役を迫真《はくしん》の演技で演じてくださり、本当に心より感謝申し上げます。

芦川よしみ守護霊　いや、まあ、ガン患者《かんじゃ》の役ぐらいはどうでもよろしいんでございますけれども、（大川隆法総裁の郷里である徳島県）川島町《かわしまちょう》で出演できたっていうのが、一生の記念かなあと思っております。それだけでも、今世《こんぜ》の大きな記念になるというふうに思っています。

竹内　さようでございますか。

本映画を観《み》たことで、本当に心が癒《い》やされ、希望が与《あた》えられたという方が数多く出ると思います

映画「天使に"アイム・ファイン"」に登場する、徳島県吉野川市に立つ川島城。

映画「天使に"アイム・ファイン"」のなかで、女優の本郷吉乃《ほんごうよしの》役を演じる芦川よしみ。

ので、今後ともよろしくお願いいたします。

芦川よしみ守護霊　はい。

竹内　今日の趣旨《しゅし》としましては、「女優・芦川よしみ『演技する心』講義」と題し、演技について伺《うかが》っていきたいと思います。

先般《せんぱん》も、南原宏治《なんばらこうじ》さんの霊《れい》や、小川知子《おがわともこ》さんの守護霊様にもこちらにお出《い》でいただき、さまざまな角度から演技論をお説きいただきました（『南原宏治の「演技論」講義』〔前掲《ぜんけい》〕、『女神《めがみ》の条件　女優・小川知子の守護霊が語る成功の秘密』〔幸福の科学出版刊〕参照）。

吉野川（徳島県吉野川市）。映画のロケ地にもなった。

そこで、やや概論《がいろん》的にはなるのですが、まずは、「女優・芦川よしみ流の演技」というのは、どういう方向性のものであるのかという角度から、お話を伺っていければと思います。

芦川よしみ守護霊　いや、何だってやりますよ、そりゃあ。何だってやりますよ。それが女優の心じゃないですか。

竹内　何でもやると……。

芦川よしみ守護霊　「女優魂《だましい》」。何だってやりますよ。「やれ」と言われれば、男の役だってやりますよ。

感動を与え、プロとして芸能界で輝き続ける秘訣とは。
『女神の条件　女優・小川知子の守護霊が語る成功の秘密』
（幸福の科学出版刊）

竹内　うーん……。

芦川よしみ守護霊　何だってやりますよ。

あのね、私たちは「表現者」なんで。うーん、「表現者」なんですよ。いろんな人の人生を表現する役割なんで、自分自身は演じていればいいわけじゃないんです。

いろんな人生の問題を抱《かか》えておられる方や、輝《かがや》きの頂点にある方からその底辺にある方、転落される方、それから、急に上がっていかれる方、主役の方や脇役《わきやく》から悪役まで、その他、いろんな役が人生ドラマには出てまいりますので、どの役であろうと、頂いた役は演じ切るっていうか、徹《てっ》し切るっていうところが、やはり自分の、うーん、何て言うかなあ……。まあ、「根性《こんじょう》」という言葉は野球ドラマみたいで、何かちょっと変なんですけど、「女優魂」ですね。

だから、「やれ」と言われればねえ、何でもやりますよ。「おでん屋をやれ」と言われれば、おでん屋をやるし、「バーの女将《おかみ》をやれ」と言われればやるし、「女プロレスをやれ」って言われれば、やりますよ。何でもやりますよ。それは、体格はちょっと足りないかもしれないけども（笑）、まあ、「やれ」と言われれば何だってやる。選《え》り好みはしませんよ。美人の役だってしますが、美人じゃなくて、「ものすごい悪女の役をやれ」と言われたら、それだってやりますよ。

でも、それはなんでかっていうと、やはり、「どこまで表現できるか」っていうところ。その表現の可能性の限界まで、自分で考えているからです。

女優・俳優に必要な「自分自身を調教し切る気持ち」

芦川よしみ守護霊　もちろんね、大きな映画や大きなドラマの主役を張るっていうのは、それなりの大きな使命を持って、才能・素質のある方がされますから、

芦川よしみ守護霊が語る

「演技する心」

何だってやりますよ。
それが女優の心じゃないですか。
私たちは「表現者」なんですよ。
どの役であろうと、頂いた役は演じ切るっていうか、
徹《てっ》し切るっていうところが、「女優魂《だましい》」ですね。

そういうものはそんな簡単には回ってきませんけどもね。だけど、その他、いろんな役柄《やくがら》があるわけですよ。

それで、「これはできるけど、これはできない」みたいなのがあんまり多すぎる人はね、要するに、好き嫌《きら》いの多すぎる子供みたいなもので、俳優として成長し切れない部分がある。

やっぱりねえ、まずは、死体で動かない役ぐらいからやらないとねえ（笑）。呼吸しただけでもＮＧなんですからね。口が開《あ》いても、鼻が開《ひら》いても、胸が動いても、全部駄目《だめ》なんで。動かないやつが撮《と》れるまで、延々と死体役をやらされますから。そうしないと、監督《かんとく》さん以下、ほかの人のが全部、進まないんですよね。

だから、まずねえ、自分をこう……、何て言うかなあ、「調教し切る」っていうかなあ、そういう気持ちは要《い》ると思うんですね。

まあ、「自制心」といえば「自制心」だけども、自分を自分以外のもののように、うまく演じ切るっていうかねえ、抑制《よくせい》した者が、それになり切ることができるっていうことですよね。

恥《は》ずかしさを克服《こくふく》できなければプロにはなれない

竹内　世阿弥《ぜあみ》の言葉に、「離見《りけん》の見《けん》」というのがありますが、今、芦川さん（守護霊）がおっしゃったように、自分というものを捨てて、客観的に見つめているがゆえに、ある意味、表現の限界も見えてくると思うのです。

プロを目指そうとすると、えてして、最初は、「演技ができない」という壁《かべ》に当たり、少しできてくると、今度は、「できる」と慢心《まんしん》してしまうときがあると思います。

そして、そこを壊《こわ》さなければ、今、芦川さんがおっしゃったような境地には行けないと思うのですが、この発展段階のところをどのようにクリアしていけばよいのでしょうか。

芦川よしみ守護霊　やっぱりねえ、「恥《は》ずかしい」っていう気持ちとの戦いはありますよねえ。

だから、「本来の自分ではない」と思う部分があるじゃないですか。こういう「自分じゃない」って思うものは演じたくないし、嫌々《いやいや》演じる場合は、それが分かってきますからね。これを乗り越《こ》えられなければ、やっぱり、プロにはなれないんじゃないでしょうかねえ。

今回の園田《そのだ》（映人《ひでと》）監督のご趣味はどうなのかよく知りませんが、癒やされるガン患者の役で、徳島の田舎《いなか》の家でお風呂《ふろ》に入るシーンを撮られて、私の入浴シーンはよかったのかどうか、ちょっと分かりません。由美《ゆみ》かおるの入浴シーンなんていうのはねえ、あれは番組の視聴率《しちょうりつ》を上げて、長引かせるために非常に役に

芦川よしみ守護霊が語る

「演技する心」

「恥《は》ずかしい」っていう気持ちとの
戦いはありますよね。
これを乗り越《こ》えられなければ、やっぱり、
プロにはなれないんじゃないでしょうか。

立ったシーンなんですが、「由美かおるさんには、さすがにちょっと敵《かな》わないなあ」と。

竹内　いえ、そんなことはないです（苦笑）。

芦川よしみ守護霊　（由美かおるさんが）幾《いく》つになっても、「入浴シーンでチャンネルを替《か》えられない」っていう人が多いですからねえ。

まあ……、なかなかやっぱり、そう毎回入る方みたいにはいかないなあとは思いましたですけど。

やっぱり、それはねえ、幾つになったって恥ずかしいものはありますよ。恥ずかしいものはあるし、自分で上出来《じょうでき》だと思うところまで、そう簡単にはいかないことはありますけども、やはりねえ、まずは「恥ずかしさの克服《こくふく》」をしないと駄目ですよね。

「こんな一面があるのか」と思わせるところが演技の見せ場

芦川よしみ守護霊　だから、「乱暴だなあ」とか、「それは地獄《じごく》的です」とか決めつけるのは簡単なんですけども、いや、人生、そんなにねえ、一色だけで染め上がるものではないですからね。いろんな面があるでしょう？　やっぱり、善人の役だって悪人の役だって、できないといけないでしょ？

竹内　はい。

芦川よしみ守護霊　「善人顔」をしてる人が、「悪役」にコロッと表情が変わるところにすごみがあるわけでしょ？

ただ「悪役」だと思った人が、急に「仏顔《ほとけがお》」にパッと変わるところに、やっぱり、何て言うかなあ、観ている人の気持ちを変える部分があるじゃないですか。その人間の、「『こういう人だ』と思っていた人がコロッと変わっていく」っていうところが、本当は見せ場なんですよ。「こんな面があるのかあ」っていう一面ですね。それが見せ場なんで。

自分をそのまま表現すればいいっていうか……、まあ、大女優になれば、「自分に合うような作品をつくってちょうだいよ」っていうことを言える人もいるとは思うんですけど、それは、ごくまれな方ですよね。そこまで言える方は、まあ、数名ぐらいしか存在しないと思うんですよ。

竹内　はい。

芦川よしみ守護霊　自分のために、その人のために合わせて、脚本《きゃくほん》から何から全部つくってくれるというのは、ものすごく恵《めぐ》まれた方ですので。

それは、最初からそういう方もいらっしゃると思うんですよ。吉永小百合《よしながさゆり》さんみたいな方だったら、もう最初から「主役」になるつもりで全部、ね？　ストーリーから、相手から、ほかの取り巻きの俳優から全部。もう十代ぐらいから、そんな感じでずーっと来ておられる方だろうと思うし、そんなに簡単に目立たない役には使えないタイプの方。まあ、そういう方はいらっしゃいますよ。

それはどの業界でもそうで、野球でもトップレベルの方はいらっしゃるし、勉強だってトップレベルの方はいらっしゃるように、どこの世界にも、そういう方は一部にはいらっしゃいますけれども、でも、やっぱり多数ではありません。それは富士山《ふじさん》の頂上の部分で、大多数の人は九合目より下にいるわけです。麓《ふもと》かられは九合目までにいる、下のほうにいる人たちは、ちょっとやってはやめていく人たちですからね。だから、やめずにいられる、ある程度のところの高さから上にいられるということだけでも、大変なことなので。そうとうの場数《ばかず》を踏《ふ》まないと。それから、嫌だと思っても、その演技をやり切らないと。それを誰《だれ》かは見てるんです。必ず見てる方がいてですね、「あっ！　この人はこんな演技ができるのか」「芦川よしみにこんなことができるのか」ということであれば、「じゃあ、こういう場面でも使えるかもしれないな」ということになるんですよねえ。

大物の女優・俳優になるために必要なものとは

芦川よしみ守護霊　ここのニュースター・プロダクションが、これからどんな女優さんを育てるのか知らないけども、「じゃあ、ヤクザの女の役をしてください」とか、それから、「GHQ相手の〝パンパン〟の役をやってみてください」とか、あるいは、「癩病《らいびょう》で死んでいく役をやってください」とか言われても、みんな、そんなにウェルカムじゃないと思いますよ。

「やってください」って言われても、そんな簡単にねえ……。「いや、もうちょっといい役はありませんか」と、やっぱり来るでしょ。「恋愛《れんあい》でヒロインになるような役だったらやってみたいな」って。

それは、夢としてはそうだと思うけれども、一つの映画には、何十人、何百人っていう方が携《たずさ》わるわけで、みんなが自分の希望どおりの仕事をしてるわけじゃなくて、画面に映らない方だって、周りにたくさんいらっしゃるわけでね。それで、全体として作品が成功しなければいけないわけで。

全体としての作品が成功するためにはですねえ、ほんとに、例えば、野球で言えば、選手でも何でもない、伝令《でんれい》みたいなのでちょっと行くような人だって必要なわけですからね。

竹内　はい。

芦川よしみ守護霊　審判《しんぱん》だって必要。普通《ふつう》は選手ばっかり見てて、審判は見ていないですけども、審判がいなかったら、野球だって成り立たないですよね。まあ、そういうところがあります。

だから、そういう「全体観」っていうか、チーム全体として作品を仕上げていく努力が見えて、そして、見えないところで頑張《がんば》っている人たちに対する「感謝の気持ち」というのを持っていないような人は、やはり、女優としても、それから、男性の俳優としても、ほんとの大物にはならないんじゃないかと思うんですよね。

ほんとの大物になると、自分の演技に熱中しているように見えながらですねえ、まあ、あなた（竹内）のさっきの話じゃないけども、自分に熱中しているようで

芦川よしみ守護霊が語る
「演技する心」

チーム全体として作品を仕上げていく努力が見えて、
そして、見えないところで頑張《がんば》っている人たちに対する
「感謝の気持ち」というのを持っていないような人は、
やはり、女優としても、男性の俳優としても、
本当の大物にはならないんじゃないかと思うんですよね。

ありながら、自分から離《はな》れた目、醒《さ》めた目で、周りから自分が見えてる。そういう自分でなきゃいけないんですよね。それは、「心のゆとり」の部分だと思うんですよ。

このへんのところが、若い人の場合は、ちょっと分かり切れないんじゃないでしょうかね。

竹内　はい。ありがとうございます。

3 芸能界は「人間界の坩堝《るつぼ》」

芸能界には「自分では選べない人間関係」がある

竹内　今日は、ニュースター・プロダクションのタレントも会場に参加しておりまして、その代表で長谷川奈央《はせがわなお》が質問をさせていただきますので、ご指南よろしくお願いいたします。

芦川よしみ守護霊　いや、お手柔《てやわ》らかにお願いします。

長谷川　初めまして。長谷川奈央といいます（注。長谷川は映画公開当時、里璃《さとり》という芸名で、映画「天使に〝アイム・ファイン〟」に出演していた）。
女優のお仕事は五年ほどさせていただいているんですけれども……。

芦川よしみ守護霊　ああ、そうですか。

長谷川　はい。私は、舞台《ぶたい》を中心にさせていただいています（現在は、ＴＶ番組やＷｅｂ《ウェブ》ＣＭ、映画など多方面に出演中）。

芦川よしみ守護霊　うん、うん、うん。

長谷川　女優というお仕事は、人に感動を与《あた》えたり、観《み》ている人を笑顔にさせたりするところが大きいと思うのですが、それについて、普段《ふだん》から気をつけていることや心構えなどがありましたらお教えいただければと思います。

芦川よしみ守護霊　うーん……。まあ、五年もやったっていうなら、少しは何か、自分でおつかみになったものはあるんじゃないですか。

長谷川　そうですね。やはり、舞台ですと、終わったあとにお客さんに会いに行く機会があるんですけれども、そのときに、お客さんが笑顔で帰っていかれたり、「感動したよ」というようにおっしゃってくれたりすると、すごくうれしいですね。

芦川よしみ守護霊　うーん。やっぱり、長く続けていくと……、何て言いますかねえ、うーん……。まあ、自分のコンディションを調整したりするのはとっても難しいことですし、自分で選べない人間関係があるんですよね。別の方が人間関係を組みますからね。

それでちょっと、自分とは合わない方も入ってくる場合がある。そのときに、好き嫌《きら》いの感情が出すぎないで上手にやっていくっていうのは、とっても難しいことなんですよね。

芸歴相応に成熟していかないと長くはもたない

芦川よしみ守護霊　例えば、これからたくさんお会いになると思うけども、舞台裏では、幸福の科学ではない他の宗教の信者の方とかが女優をやってたり、ほかの役割をやってたりする場合もありますよ。

そんなときに、やっぱり、ちょっとね、役の上下《うえした》とかがあることがあるでしょ？　そういうときに、「あ、向こうが威張《いば》ってるな」とか思ったりすることもあったり、「ちょっと意地悪だなあ」と思うようなときもあったりと、いろいろあるし、それから、ロケだと、しばらくの間、合宿みたいに一緒《いっしょ》になるようなこともありますから、人間関係はとっても難しいですよ。

だから、本当は、ベストコンディションで、最高の心境で、いちばんいい演技ができたらいいんだけれども、現実には、自宅から行けるような所じゃなくて、別の所で一カ月とか（撮影《さつえい》を）やるようなものもあって、ちょっと嫌《いや》な方や、自分にとってはあんまり相性《あいしょう》のよくない方、思想・信条の違う方、あるいは、監督《かんとく》とかでも、場合によっては、芸術観とか価値観の違うような方と一緒になることもあります。

もちろん、服装とかでも、自分に合うもの、「こういうのを着たいけど、こういうのは嫌だ」っていうものはありますよね。

しかし、衣装《いしょう》係の方が、「あなたには、ここではこれを着てもらわないと合わない」って言ってきたときに、「どこまでを受け入れ、どこを拒否《きょひ》するか」っていうのを、自分の過去の実績や客観的な評価、それから、周りからは本当はどう見えているのかというのをよく知ってからでないと、やはり、「言っていい場合」と「言っちゃいけない場合」と、「少しは言ってもいい場合」と、まあ、いろいろあるわけね。

こういうところが大人になっていかないと、役柄《やくがら》相応というか、芸歴相応に成熟していかないと、長くはもたない業界ですね。

もう、「人生の坩堝《るつぼ》」っていうか、「人間界の坩堝」みたいな世界ですので、いろんな世界を表現していますから。

だから、個性が強い人は、確かに、主役とかに向いてるところもあるけれども、逆に、そういう人に、その個性を貫《つらぬ》かせるために、周りが一生懸命《いっしょうけんめい》努力して、合わせていかなきゃいけないところもあるわけですよね。それが難しい。

長谷川　うーん。

「最高の自分」を目指したら「最高の作品」ができるのか

芦川よしみ守護霊　だから、自分に夢中になって、最高の自分を目指すことは当たり前のことなんだけれども、それがすべてではないし。

「最高の自分」を目指したら「最高の作品」ができるかと思ったら、それは間違いで、「いろいろな好き嫌いもあったり、芸術観や美術観に違いのある人たちと組みながら、それでも、結果的に、いいところに仕上げていく」っていうところが大事なんですよね。

うーん……、「心」っていうのを、どういうふうに表現すべきか分かりませんけども、まあ、お餅《もち》だって、よくつかないと、つぶつぶが残っていたら、やっぱりおいしくないでしょ？　ああいうふうに、〝よく練れた餅〟のような練り方ができていないといけないんじゃないかなあと思いますね。

今は、モデル出身で女優になるような方も多いですけどね。写真で撮《と》られて……、まあ、それは一人ですから、きれいだったら、それでいいんでしょうけど。まあ、モデルあたりからの転身《てんしん》は多いですし、演技のうまい方もいらっしゃいます。ただ、最初は、そんなにうまくいかないことが多いですね。

だから、「美人であれば成功するか」っていえば、そんなことはないのであって。要するに、非現実な存在になってしまって、「そんな人いませんよ、日常のなかに」っていう感じになっちゃったら駄目《だめ》なので。

画面に映る方、テレビや映画に出る方は、もともと美人・美男《びなん》が多いですけれども、実際、世界はそんなふうになってませんよね（笑）。そんなに美人・美男ばかりではないですから、美人・美男の方が、一部は、美人・美男じゃない役も

芦川よしみ守護霊が語る

「演技する心」

「最高の自分」を目指したら
「最高の作品」ができるかと思ったら、それは間違《まちが》いで、
「いろいろな好き嫌《きら》いもあったり、
芸術観や美術観に違いのある人たちと組みながら、
それでも、結果的に、いいところに仕上げていく」
っていうところが大事なんですよね。

しているわけですよ。つまり、そういうふうに見えない役、感じさせない役もしたり、三枚目役もしなければいけないわけですね。

かつてトップ女優をやっていたような方が、三枚目風の役もやらなきゃいけないし、そういう美人女優だったような方が、性格俳優みたいに変わっていかなきゃいけないところもあってね。

そのあたりの、そのつどそのつどの努力っていうのが、とっても大事ですね。だから、「自分の進歩を何で測るか」っていうことですよ。持って生まれた資質もあるから、それを生かさなければいけないけども、それを生かしつつ、どれだけ自分の努力で「芸の幅《はば》」を広げて、「奥行《おくゆ》き」を極《きわ》めるかっていうことですよね。

4 プロの役者の「胆力《たんりょく》」のすごさ

プロ同士は、「シラッとやってのけるところ」に胆力を感じる

芦川よしみ守護霊　（長谷川に）あなたは、例えば、「『こういう役がしたい、こういう役はしたくない』というのを何か挙げてみろ」って言われれば、どうですか？

長谷川　どうでしょうか。でも、私は、「この役はしたくない」というものは、あまり思い浮《う》かばないですね。

というのも、最初は、脇役《わきやく》とか、三枚目の役とか、どちらかというと、くだけた役からやらせてもらうことが多かったので。

それに、そういう役をやっていて、「けっこう楽しいなあ」と思いました。

芦川よしみ守護霊　ふうーん。ああ、そうなの。

長谷川　はい。なので、わりと、「何でもやりたい」っていう願望は持ってはいます。

今のところ、「強い女性の役」とか、「悪役」とかにもちょっと興味がありますね。

芦川よしみ守護霊　ヤクザ映画で、「撃《う》ち殺されて、血だらけになって、死体になって倒《たお》れてる」みたいな役でもいいですか?

長谷川　（笑）それでもやってみたいです。

芦川よしみ守護霊　やってみたい？

長谷川　はい。

芦川よしみ守護霊　ああ。そうですか。ふうーん。「マフィアの女ボス」みたいなのでもやりますか？

長谷川　あ！　かっこいいですねえ。そういう役にも興味があります（笑）。

芦川よしみ守護霊　なるほど。

長谷川　変わっているでしょうか（苦笑）。

芦川よしみ守護霊　「女忍者《にんじゃ》になって、天井裏《てんじょううら》に忍《しの》び込《こ》んで、夜中《よなか》に降《お》りていって殺す」とかいう役は？　やります？　フフフ……（笑）。

長谷川　やりたいですね（笑）。興味があります。

芦川よしみ守護霊　そうですか。ほお。

じゃあ、「できない」と思うことは？

長谷川　「できない」と思うこと？

芦川よしみ守護霊　「こういう役はできないな」と思うものは？

長谷川　うーん。やっぱり、先ほどおっしゃっていた「入浴シーン」とかは……。

芦川よしみ守護霊　できないと思う？

長谷川　「普段《ふだん》、人に見せていない部分を見せるのは、ちょっと勇気が要《い》るなあ」と、考えてしまうところはありますね。

芦川よしみ守護霊　私なんか、この年でお風呂《ふろ》に入らされたんですからね（会場笑）。よく考えてみてくださいよ。その若さで何を……。

長谷川　（苦笑）

芦川よしみ守護霊　「吉野川《よしのがわ》を裸《はだか》で泳げ」って言われたって、あなた、泳がなきゃ駄目《だめ》ですよ（会場笑）。

まあ、「そんなの大丈夫《だいじょうぶ》です。重要な部分は映りませんから、大丈夫です」って言われたってねえ（笑）、やっぱり、周りにたくさん人がいるじゃないですか。ねえ？

長谷川　そうですね。

芦川よしみ守護霊　だから、「大丈夫です。映像にはなりませんから」って言われたってねえ。

ただ、ほかの人に代わってもらって、「スタントの人が泳いでください」っていうわけにはいかないですからね。若い人の場合はね、スタントなんか、そんなに簡単に使わせてくれませんから。まあ、ものすごい、とびきりの女優さんで、「本当に困るんです」というような人も一部いるかもしれませんけども、そこまで行くまでは、簡単に、「ここのシーンは、ほかの人で、代わりに見せてください」みたいにはできないですからねえ。

例えば、「ジョーズみたいなのにパクッと食べられる役」だって、あんまりいい役じゃないですけど、「血まみれになって、体を半分にされる役」だって、逃《に》げられないんですよねえ。

だから、その恥《は》ずかしいと思ってるところは、やっぱり駄目ですね。

（聴聞者席《ちょうもんしゃせき》を指して）あちらの（ニュースター・プロダクションの）社長（大《おお》

川宏洋《かわひろし》）が、ものすごく、メモを取ろうという姿勢を持っていますから、何か〝訓練に入ろう〟としていらっしゃるのかもしれませんけど。

やっぱり、苦手《にがて》な部分が多いっていうのは、よろしくないですよね。

意外に、同業者っていうか、プロ同士では、「ここまでやれるのか」っていうのに感激するんですよね。「自分は、ここはやりたくないな」っていうところをシラッとやってのけるところに、胆力《たんりょく》みたいなものを感じるところがあるんですよ。

斬《き》る役・斬られる役に見る「プロとしての執念《しゅうねん》」とは

竹内　「タレントの個性」についての話になるのですが、芦川さんは、長い年月、女優をされているので、過去に通られた道かもしれませんが。
例えば、自分自身が、「これが売りどころだ」と思うところ、つまり、「自分がいいと思っている演技や美しさ」があると思うんです。

しかし、事務所やマネージャーからは、「いや、あなたには、こちらのほうが似合っているよ」とか、「このほうが、もっと、プロデューサーから引っ掛《か》かりを持てて、いろいろなドラマなどに出られるよ」とかいうように言われることもあります。

そのように、それらがぶつかることがあるらしいのですが、芦川さんは、そうしたときに、自分の意見をよしとしたのでしょうか。あるいは、周りの人の意見を参考にして、自分の意見を一回、訂正《ていせい》してでも変えるようにしたのでしょうか。

どのようにして、ご自身のキャラクター、個性をつくってこられたのかについて、教えていただければと思います。

芦川よしみ守護霊　うーん。まあ、南原宏治《なんばらこうじ》さんは（霊言《れいげん》で）、「宗教をやっていて、本当に悪人の役ができるんですか」みたいなことを訊《き》かれたとき、「本当は善人中の善人なのに悪役でもできるっていうところが、芸の幅《はば》なんだ」というようなことをおっしゃっていたと思うんですけどね（前掲《ぜんけい》『南原宏治の「演技論」講義』参照）。

まあ、こちらが思うような、例えば、「天女《てんにょ》の役」みたいなのばっかりが来るっていうことは、めったにありませんし。

あと、観客や視聴者の「目に見えない総合判定」がありますのでね。それを観《み》てる方、つまり、監督《かんとく》やプロデューサーその他、それを感じ取って考えている方が別にいらっしゃるので、こちらが思うようには必ずしもならない。

うーん……、何でしょうねえ。まあ、〝チャンバラ〟で言ったら、●三船敏郎《みふねとしろう》さんみたいに、「十秒で十人に二太刀《ふたたち》ずつ斬《き》る」っていうか、「十秒間で、一人二回ずつ斬っていく」っていうような方がいますよね。

●三船敏郎（1920～1997）　戦後に活躍した日本の俳優。黒澤明《くろさわあきら》監督の映画「酔《よ》いどれ天使」で認められ、以後、黒澤作品に欠かせない俳優となった。1951年、映画「羅生門《らしょうもん》」で世界的に名を知られ、ヴェネチア国際映画祭で二度の男優賞を受賞、「世界のミフネ」と呼ばれる。また、海外の作品にも数多く出演した。

だから、竹でつくった刀（竹光《たけみつ》）で斬っても、みんな血だらけになるっていう。まあ、相手役の俳優さんはお気の毒に、それは、竹でできていても、顔を斬られたら血が出ますよね？

三船敏郎さんとやった場合、「相手役はみんな血だらけ」と言われていますが、その迫力《はくりょく》と剣《けん》さばきの速さが、「世界のミフネ」といわれた部分ですから。監督は、「もっとやれ！　もっと速く！　もっと激しく！」ってたぶん言うけど、みんなはもう、実際の刀ではないのに血まみれになってるっていう状況《じょうきょう》。でも、それで人気が出るわけで。

手加減して、ゆっくり斬ってやったら、怪我《けが》しませんよ。だけど、一秒で二回斬られたら、どこかに当たりますよね。まあ、そういうのはあるので。

主役で斬るほうだったらまだいいですけど、やっぱり、斬られる側はちょっとたまらない。「あ痛《いた》っ！（右肩《みぎかた》のあたりを指して）ここを斬ってくれるはずだったのに、顔を斬られた」とか、「首を斬られた。肩が回んないなあ」とか、「あとで傷が残ったら、三船さん、払《はら》ってくれるかな?」とか思うだろうけど、向こうは当然、そんなのは無視するわね。迫力があれば、それでいいわけですから。

まあ、こういう、何て言うか、個人主義は、ある程度捨てなきゃいけない面もありますねえ。要するに、それで主役が引き立ったんなら、それはそれなりにいいのかなあ、と。

それから、主役の「斬り方」が下手《へた》でも、「斬られ方」がうまかったら、やはり、それで十分いい立ち回りのように見えるところもあるので。実際は、まあ、斬るのもうまいほうがいいんですけど、「斬られる側のうまさ」っていうか、「殺され方のうまさ」っていうか(笑)。

竹内　(笑)

芦川よしみ守護霊　例えば、松本清張《まつもとせいちょう》型の、ああいう犯罪ミステリーみたいなのだと、たいてい、女を追いかけて、追い詰《つ》めて殺したりするのが出てきますね。首を絞《し》めたり、刃物《はもの》で刺《さ》したりするけど、やっぱり、あれは「殺される側」がうまくないと全然成り立たないんですよ、ほんとにねえ。

まあ、自分としては、それを美しいとは思わない部分もありますけども、やっぱり、「作品を成立させる」っていうかなあ、それに対する執念《しゅうねん》ですよね。プロとしての執念。「作品を成功させる」っていうことに対する執念。

まあ、その前には、自分なりの個人主義的な考えや美学があって、親きょうだいや友達、夫とか、そういう人たちから何を言われても、プロとして「亀《かめ》の甲羅《こうら》みたいに耐《た》える力」は要ると思うんですよね。分かりますかねえ？

竹内　はい。ありがとうございます。

「自分にしかないものは、自分以外の人が見てくださる」

長谷川　今、個性のお話が出てきましたので、お伺《うかが》いしたいと思います。

これはタレントや女優にとって大事だと思うんですけど、「自分にしかないもの」を一人ひとりが持っていると思うんですね。

芦川さんが、「自分にしかない」と思うものは何ですか。

あと、それを見つけていくに当たり、「普段、どのように気をつけていったらいいか」について、アドバイスを頂きたいと思います。

芦川よしみ守護霊　いや、「自分にしかないもの」っていうのはねえ、意外に、自分じゃない人がそれを見てくださるもので。意外な人の評価や反応で出るんです。

例えば、今回の映画「天使に〝アイム・ファイン〟」でも、はっきり言ってね、まあ、台本を読んだ段階でもそうだし、実際、実写で観てもそのとおりですけど、（芦川よしみは）あんなに泣きわめいたり、怒鳴《どな》ったりする女の役だから。幸福の科学のなかで真理を勉強してる人が観たら、「この人、全然悟《さと》ってないな」と思われるのは、もう確実じゃないですか。

それは、「やりたいか」って言われれば、やりたくはないですよ。最初から、もうちょっと悟った役でやりたい。前回の映画「ファイナル・ジャッジメント」の、主人公の母親役は、まだねえ、にこやかにやっていればよかったから、あれは全然問題ありま

仕事がうまくいかず、マネージャーに怒《いか》りをぶつける本郷吉乃《ほんごうよしの》。
（映画「天使に“アイム・ファイン”」より）

せんけども。
今回は、自分の心の持ちようが悪くて、口も悪くて、そして、半《なか》ば狂乱《きょうらん》した女性でしたよね。死を前にして悟っていない、〝事故《じこ》る〟ような女性の役じゃないですか。あれはけっこうきついですよ、ほんとにね。
「よく私に回してきたな」と、本当はちょっと腹が立ったんですけど（会場笑）。

竹内　（笑）すみません。

芦川よしみ守護霊　「よく私にこんな役を回してきたな、今ごろ。もうちょっといい役はないのか」と本当は思ったんですが、まあ、しかたない。
園田《そのだ》さんが、「やれ」と言うなら、それはやるしかないと思いますけど。聖地でやるんだから、もうちょっと美しくやらせていただいてもよかったんですが……。

とにかく、「それが自分に合ってるかどうか」「芦川よしみの演技として、合ってるかどうか」っていうのは、やっぱり、それは、自分では何とも言えません。「病院で、あんなに怒鳴り散らす女の役をやりたいか」と言われたら、それはやりたくはないですよ、正直言って。

医者に、「ガンのステージは4です」って言われたら、「ああ、そうですか。人はいずれ死ぬものですから……」とか（笑）（会場笑）、何か、それくらいにセリフを変えていただきたいって。宗教を長年やったから、「人間は必ず死ぬものですから。その間、どのように過ごせばよろしいでしょうか」とか、ねえ？　上品な奥様《おくさま》みたいに言わせていただきたかったですよ、正直に言えばね。

台本にケチつけちゃいけないけれども、「あんな狂乱する女性みたいなのは、ひどいなあ。ちょっと乱暴な筆滑り《ふでずべ》だな」と、内心思うところはあったんですけども。
　ただ、「悟ってない女性の役をやれ」と言うなら、自分としては……、まあ、それは、「『天使のモーニングコール』のパーソナリティもやっていた人間が、こんなことやっていいのかな?」とか、「白倉律子《しらくらりつこ》さん（『天使のモーニングコール』の現パーソナリティ）でも、これをやるかなあ?」とか、やっぱり思いますよ。

竹内　ああ。

芦川よしみ守護霊　「これをやったあと、パーソナリティができなくなるよ」と思うこともあるけれども。

●「天使のモーニングコール」　幸福の科学で説かれる仏の教え「仏法真理《ぶっぽうしんり》」を、さまざまな角度から伝えるラジオ番組。1991年10月に放送が開始された。初代パーソナリティは芦川よしみが務めた。

竹内　（苦笑）

芦川よしみ守護霊　でも、やっぱり、「作品として成立すること」が大事だということで。

竹内　確かに。

芦川よしみ守護霊　そういう意味で、ちょっと自分のほうを殺さなければいけないところはある。

役柄《やくがら》によって求められる「光の量の調整」

芦川よしみ守護霊　（長谷川に）あなたも、（映画「天使に〝アイム・ファイン〟」

で）田舎《いなか》っぺの役ではなかったでしたっけ？（会場笑）

長谷川　（笑）そうですね、はい。別のストーリーで出させてもらっているんですけど、芦川さんと共演させていただいて、本当にうれしく思っています（注。映画「天使に〝アイム・ファイン〟」の「福島の章」は、風評被害《ひがい》によって家業の八百屋《やおや》が経営難に陥《おちい》ったため、東京の大学への進学を断念せざるをえない状況に置かれた高校三年生の朝日優也《あさひゆうや》が、天使からヒントを与《あた》えられ、八百屋を再興させるために奮闘《ふんとう》するというストーリー。長谷川は、優也の幼馴染《おさななじ》み・市橋《いちはし》あすか役として出演していた）。

芦川よしみ守護霊　いやあ、でも、実物のほうが美人ですね。

長谷川　（笑）ありがとうございます。

芦川よしみ守護霊　田舎の高校生の役か何かだから……。

竹内　はい、高校生の役でした。

芦川よしみ守護霊　だから、たぶん、あんまり都会の美人風ではいけなかったんでしょ？

竹内　そうですね、ええ。化粧《けしょう》も、その現地の風景に合わせて。

芦川よしみ守護霊　そうなんでしょうね。だから、モンペが合うような顔になら

質問者の長谷川は、福島に住む高校生の市橋《いちはし》あすか役を演じた。
（映画「天使に“アイム・ファイン”」より）

なきゃいけないわけでしょ？　雰囲気《ふんいき》的には（会場笑）。どちらかといえばね。

長谷川　そうですね。

芦川よしみ守護霊　それが難しいところですよね。「この人、ここ、浮いてるねえ」とか、「福島なんかに合ってないね、こんな人は」って思われたら、それはアウトですよね。いくら、あなたが美しく映っても、「福島に、こんな人は歩いてませんよ」と言われたら、やっぱりそれはアウトですよ。

長谷川　はい。

芦川よしみ守護霊　まあ、このへんが難しいところで。もう、役どころがパシッと決まってしまうと、例えば、北川景子《きたがわけいこ》さんが山のなかのロケに出てきてやっても、「こんな美人、こんな山のなかにいるわけないじゃないの」と、みんなが思ったら、やっぱり浮いちゃうじゃないですか。彼女としてはよくてもね。

松本清張のドラマで北川景子を出してみても、「こんな人が、こんな身延山《みのぶさん》の辺《へん》をウロウロ走り回ってるのは、おかしいよ」って、思う人は思うわけであって。まあ、本人は自分の美しさを隠《かく》すことはできないから、しかたがないけども、「山のなかを、こんなウロウロしてるっていうこと自体は非現実で、こんな人がいたらおかしい」と思うところはあるから。

やっぱり、「郷《ごう》に入《い》っては郷に従え」で、山に行ったら、山ら辺《へん》を歩いてる人らしく見えなければいけない面もあるんじゃないかなあと思うんですよね。

だから、そのへんの、何て言うの、〝光の量〟を調整するっていうところは大事で。

南原（宏治）さんが言ってたことのなかにも、「悪魔《あくま》の役ができるか」というのがありましたよね（前掲『南原宏治の「演技論」講義』参照）。

竹内　うーん。

芦川よしみ守護霊　「自分は天使の自覚を持っていて、悪魔の役ができるかって言われたら、本当はつらいことではあろう。悪役を演じ切って、『日本一』と言われたら、うれしいかうれしくないか、それは分からない。でも、お客様がそのほうが喜ぶっていうんだったら、やっぱりやらなきゃいけないかな」という気持ちはあったんでしょうからね。

田村亮《たむらりょう》さんだって、この前、悪役をやってましたよ。なんか、本当の悪役の親玉《おやだま》になると、善人相《そう》をしてね、それらしくやってるんですよね。コソコソしたことはしないで、堂々としてるんですよ、本当の悪役になるとね。

そういうふうになると、仏か神か悪役か、本当に分からなくなるようなところもあって、その意外性が受けるってこともあるんだけども。

いずれにしても、「心境がよく練《ね》れてるかどうか」は、やっぱり、役の何て言うかなあ、〝不思議なまろみ〟みたいな感じになって出てくるとは思いますねえ。

芦川よしみ守護霊が語る
「演技する心」

「心境がよく練《ね》れているかどうか」は、
やっぱり、〝不思議なまろみ〟みたいな感じになって
出てくるとは思いますね。

5「舞台《ぶたい》」と「テレビ」、「映画」の違《ちが》いとは

「非現実」を「現実」に見せるのが舞台

芦川よしみ守護霊 （愛染に）どんな指導をされてるんですか？

愛染 はい、いつも親切にご指導いただきまして、本当にどうもありがとうございます。

芦川よしみ守護霊 はい。

愛染　長谷川に関してなんですけれども、舞台《ぶたい》をメインに活躍《かつやく》しております。芦川よしみさんは、舞台にもテレビにも頻繁《ひんぱん》に出演なさっていると思うんですが。

芦川よしみ守護霊　ええ、ええ、ええ、ええ。

愛染　ただ、「舞台」と「テレビ」には、やはり違《ちが》いがあると思うんですよね。

芦川よしみ守護霊　ありますね。それは明らかにあります。

愛染　そこで、例えば長谷川がテレビに出るとなった場合、何か足りないところですとか、「もっとこんなふうにしないといけないんだ」とかいうところがございましたら、アドバイスを頂ければありがたいです。

芦川よしみ守護霊　舞台はねえ、ある意味で非現実なんですよ。非現実というのは、お客様たちは、「これは、舞台で演じているもんだ」っていうことを、みんな知っていますからね。知ってて観《み》ているので、非現実なんですよ。非現実の世界ですので、非現実の世界だと分かっておりながら、やってて、だんだんに引き込《こ》んでいかなければいけないんですよね。

その意味で、演技が大げさになる場合もあるし、非現実に演じながら、非現実であることが現実に見えてくるように、だんだん引っ張り込んでいかなければいけないんですよね。

それから、映画なんかとは違って、ロケ地みたいなところを転々としながらやるわけにいかないので、簡単な背景道具を使って、それらしく感じさせなきゃいけない。だから、そういう背景が十分じゃない部分、セットが十分じゃない部分を、人間のほうに惹《ひ》きつけなきゃいけないわけね。見てる人の「耳」と「目」を、人間のほうに惹きつけて、舞台の不十分なところを感じさせないで、その場に没入《ぼつにゅう》させるようなふうに引っ張ってこなければいけないわけで。

その意味で、全体にちょっとやや過剰《かじょう》になる傾向《けいこう》は、舞台としてはあると思うんですね。

コマーシャル感覚に近い「テレビドラマ」

芦川よしみ守護霊　テレビのドラマのほうは、どちらかというと……、まあ、間にコマーシャルが入りますけども、コマーシャルなんかは一瞬《いっしゅん》の勝負じゃないですか。もう、見た印象で、けっこう判断されるでしょう？「買うか、買わないか。好感を持つか、持たないか」っていうのがありますよね。

ああいうドラマに出られる女優さん、俳優さんの場合も、毎週やるっていうこともあるので、飽《あ》きられないのも大事ですけど、繰《く》り返し観ても、ある程度、好感を持ってもらわなければいけないところもあるんですよ。

うーん、何でしょうかね。舞台みたいに大げさではないんですけども、テレビの場合は、印象度がちょっと強くなるんですよね。パッと見た印象が非常に強くなるので。やっぱり、「テレビの演技」と「舞台の演技」とは違うところがございます。

だから、その印象にしても、まあ、演技で、ずーっと出ずっぱりっていうことは普通《ふつう》ありませんので、いろいろ場面が変わっていくなかで、いろいろな場面で出てくると思うんですけど、そのところで、一種のコマーシャル感覚に近いものが一部あるんですよ。だから、短い間の露出《ろしゅつ》で、印象を残さなければいけない。

竹内　はい。

芦川よしみ守護霊　それを意識していないといけないわけで。喫茶店《きっさてん》でのシーン、歩道橋の上でのシーン、会社のなかでのシーン、道路で運転してるシーン、いろいろなシーンがあるけれども、その出たところで何か印象を残さないと、やっぱり成功ではないと思うんですよね。

個人が「風景の一部」になるのが映画

芦川よしみ守護霊　でも、映画になると、ちょっとまた違うんです。映画のほうでグーッと人気が出る人と、テレビのドラマで出る人って、ちょっと違いがあるんですよね。

だから、テレビのドラマのほうで好感度が高い方は、どっちかというと、まあ、モデルなんかでもパッと写真を見ただけで好感を持てるような感じ？　その意味で、（モデルは）コマーシャルに近くて、その次に、テレビのドラマに近いんですけども。

映画のほうになると、そういう「見た目が美しい」とかいうだけでは済まなくなるんですよ。見た目が美しいっていう感じだけでは済まなくて、やはり、ロケ地をちゃんと選んで、それから、いろいろな俳優を配して、総合的に調整しながら、やるので。だから、みんなが見て、美しいだけでは済まなくなって、いろいろな表現が映画には入ってきますね。

時間としては、何カ月も撮《と》ったり、一年も撮ったりしながら、それを二時間に縮めていくので、これは、かなり芸術としては難しいと思います。

毎週やるようなテレビのドラマのほうが、やっぱり演技としては〝雑〟ですよね。少し雑なところはある。

そうじゃなくて、もっとコンデンスミルクみたいにグーッと凝縮《ぎょうしゅく》された部分、いろいろなところが削《けず》られていきながら残っていく部分ですよね。まあ、川の流れでえぐられていって、余計な土とか岩とかそんなものが削られていきながら残っていく部分だけが、「映画」という感じがするので。

うーん、まあ、そういう意味で、何だろう？　「映画」になると、自分の個人の露出もあるんだけど、「風景の一部として絵になっていなければいけない」っていうような感じが強くなってくるのかなあ。そんなふうな感じですね。

だから、最初は、「モデルさんの写真一つで、美しければ勝負できる」という感じから、印象型になり、さらには、「風景の一部として存在していて全体が調和してる」という感じになる。それが、映画のほうに来る感じですかね。

そういう意味では、やっぱり映画のほうが難しいといえば難しいと、私は思いますねえ。芸術としては難しい。

芦川よしみ守護霊が語る
「演技する心」

いろいろな表現が映画には入ってきますね。
かなり芸術としては難しいと思います。
コンデンスミルクみたいにグーッと凝縮《ぎょうしゅく》された部分、
川の流れでえぐられていって、
余計な土とか岩とかそんなものが
削《けず》られていきながら残っていく部分だけが、
「映画」という感じがするので。

6 役者として〝長生き〟する技術とは

なぜ、庶民《しょみん》の心を持って生きていくことが大切なのか

愛染　おそらく、私《わたし》は芦川よしみさんと同学年、同《おな》い年だと思うんですけれども。

芦川よしみ守護霊　エヘヘヘヘ（笑）。知りません（笑）。

愛染　ええ（笑）。同じ世代で頑張《がんば》っていらっしゃる芦川よしみさんを見ていると、本当に私もうれしく思います。

芦川よしみ守護霊　ええ。

愛染　いつも活躍《かつやく》してくださっているので、私《わたくし》の心の支えといいますか、「うれしいなあ」と思いながら、いつも見させていただいています。

ただ、テレビで観《み》るときはすごく女性らしく、すごくなめらかな感じの方なんですけれども、実際の芦川よしみさんは、すごく気《き》っ風《ぷ》のいい、すごくさっぱりされた方だという印象があるんですね。

また、友達をすごく大事にされていて、友達の舞台《ぶたい》は必ず観にいったりされています。

芦川よしみ守護霊　うーん。

愛染　そこで、芸能人としてのイメージのつくり方についてお訊《き》きしたいと思います。

例えば、今、芸能界で、SMAP《スマップ》やベッキーなど、諸々《もろもろ》のことが話題になっています（収録当時）。

芦川よしみ守護霊　ああ、はい、はい、はい。

愛染　芸能界は、そういう話題が常に出てくるような厳しい世界だと思うんですけれども、どんなふうにご自分のイメージを保ちながら、その厳しい芸能界を渡《わた》ってこられたのか。

また、スターとして、すごく孤独《こどく》を感じることもあるのではないかと思います。そういう心の孤独感を、どういうふうにモチベーションに変えて頑張ってこられたのか。

そのあたりをお聞かせいただければと思います。

芦川よしみ守護霊　まあ、もちろんドラマや映画で、普通《ふつう》の人間になさそうな非現実な役割みたいなのが当たることもあって、そういう極端《きょくたん》な生き方とかを見せなきゃいけないことはありますよ。でも、実人生で、あまりそういう非現実というか、破滅《はめつ》型の人生を生きている人は、いずれ本業にも影響《えいきょう》は出るんではないかなあと思います。

だから、役柄《やくがら》としてね、南原《なんばら》（宏治《こうじ》）さんがおっしゃるように、「悪役」をやるといえば「悪役」もやるけれども、それが実人生でも同じ「悪役」そのものが出ているんであれば（笑）、それは、やっぱり長くはもたないと思うんですね。

また、「天使の役」をやっても、それは緊張《きんちょう》度は高いでしょうけども、実人生で天使のままには、ちょっと生きられない部分もあるので。うーん、実人生のほうでは、なるべく周りがよく見えるように、庶民《しょみん》の心みたいなのは持っていないといけないんじゃないかなと思うんですね。

自分が高くなりすぎていると、見えなくなるものがあるんですよ。まあ、舞台でもいいし、ドラマでもいいし、映画でもいいけど、主役やそれに近い、高いところ、何百人もの撮影陣《さつえいじん》のなかで周りから特別扱《あつか》いされてるようなところにいる目で、普段の生活をしてると、勘違《かんちが》いしてしまって、周りが見えなくなるところがあるんですね。

やっぱり、もう少し庶民の心を持って生きていないと、世界が公平に普通には見えなくなるんですよ。善悪の世界も、人間関係も違ったふうに見えてくるので。よく言われますけども、時代劇なんかで、「殿様《とのさま》の役」と「家臣《かしん》の役」とかがあると、撮影現場へ行っても、「殿様の役」の人に会うと、(ひれ伏《ふ》すようにして）「ははーっ」とか出てしまうんですね。まあ、そういうことがあってもおかしくはないとは思いますよ。でも、それを離《はな》れた実人生で、「当たり前の自分というのを、どのあたりのところで線を引くか」というところは大事だと思うんですね。

もちろん、「下っ端《ぱ》の役」しかできないのであれば、そんなに注目されることもないから、実人生でも特に目立つ必要もないのかもしれません。これは、成功していた人だけの問題かもしれませんけども、すごく注目を受けたり、賞をもらったり、いろいろ期待されたりすると、普段の生活がだんだん難しくはなってくると思うんですよ。

「理解できないものを演じることは不可能」

芦川よしみ守護霊　このへんのところで、何だろうかなあ、「人によく見せよう」

とか思うような気持ちのほうがあんまり先走りすぎると、疲《つか》れてしまって長くはもたないので。まあ、なるべく普通に近づけながら、いろいろな勉強を続けていくっていうかな。本を読むことも、人と会って話を聞くことも、あるいは、いろいろな劇だとか、音楽だとか、うーん、映画とかを観ることだって勉強だと思うけども、そうした勉強をして自分の蓄積《ちくせき》を増やしていくっていうか、まだ来ていないような役柄みたいなのが来ても、こなせるためには、勉強をしておかないと難しいですね。

やっぱり、理解できないものを演じることは不可能ですよ。例えば、「四谷怪《よつやかい》談《だん》」みたいなものであれば、昔の物語であったとしても解説したものがいっぱいあるから、だいたい感触《かんしょく》としては理解はできますよね。

ただ、ウォールストリートなんかでの経済ドラマみたいなものを映画で撮《と》るとか言われたら、それ出られるかっていうと、そう簡単には出られないっていうか、難しいですよね。仕事として難しいのは、理解ができません。だから、私も強い自信はありませんけれども、やっぱり、そうしたら、「経済の世界で、実際どうなってるか」っていうのをやれるんだったら、日ごろからそういうものに関心を持って見ていなければいけないと思うんですよね。少なくとも、テレビなんかで経済番組みたいなものを少し観たり、経済ドラマみたいなものを観たりして、多少、そういう感覚を持っていなければ、いざ、「そういう役柄で出てください」って言われても出られないですよね。

竹内　はい。

芦川よしみ守護霊　あるいは、「お医者さんの役をやりなさい」とか、「刑事《けいじ》の役をやりなさい」とか言われたら、実際にそれを体験できないかもしれないにしても、そうした映画とかドラマとかを観て、慣らしておくことも大事ですわね。だから、自分がやっていない役でも、やっぱり関心を持って、「この人、どんなふうにやってるのかなあ」と見ておかないといけないし。

もちろん、法律書も読んだことがないのに、検事だとか弁護士だとか判事だとかをやる方もいらっしゃいます。まあ、上手《うま》い・下手《へた》は、いろいろおありなんだろうと思うけど、実際は難しいだろうなあと思いますよね。

だから、木村拓哉《きむらたくや》さんみたいな、ああいうふうな個性派で、「どんな演技をやってもキムタクになってしまう」っていうような方であれば、「HERO《ヒーロー》」みたいな検事が成り立つんでしょうけれども、普通の人では成り立たないでしょうね。

竹内　うーん。そうですね。

芦川よしみ守護霊　ああいう型破りの検事が、キムタク流でやって通じちゃうんでしょうけども、普通の人だったら、たぶん駄目《だめ》だと思います。キムタク風の検事をやったら、「検事に見えない」と言われて、終わりになるでしょうね。

だから、それは〝一流〟まで行った人の特権なのかもしれませんけどね。

まあ、そういう意味で、自分の、何て言うかなあ、「ドラえもんの道具箱」じゃないけど、「取り出してこれるものがどれだけあるか」っていうのは、日ごろ、やっといたほうがいいし、そのためには、目線をあんまり固定しすぎないで世間《せけん》と会ったらいい。

まあ、もし、何かで主演されて、すごくヒットするようなことがあって、それでもう、「自分はこういう者だ」と思ってしまう。例えば、「シンデレラの役が来て、やっちゃった。そうしたら、ほかの役なんか、みんな霞《かす》んで見えない」っていうことはあるかもしれませんけども、それはそれで、また平常は普通に戻《もど》って、どんな役でもやれるようなスタンスを持っておくことが大事なんじゃないでしょうかね。

それは、長く生きていくための技術のような気がしますけどねえ。

芦川よしみ守護霊が語る

「演技する心」

何て言うか、「ドラえもんの道具箱」じゃないけど、
「取り出してこれるものがどれだけあるか」っていうのは、
日ごろ、やっておいたほうがいい。
どんな役でもやれるようなスタンスを持っておくことが
大事なんじゃないでしょうかね。

7 顔面骨折を押《お》して舞台《ぶたい》に立ち続けた「プロ根性《こんじょう》」

そのすさまじい「プロ根性」はどこから来るのか

竹内　その話の続きにはなるかと思うんですけれども、やはり、プロ女優、俳優として生きるというのは、本当に難しいことだと、今、感じています。

芦川よしみ守護霊　うーん。

竹内　地上の芦川さんにお話をお聞きしても、「やはり、芦川さんはプロだなあ」と感じる話を多々伺《うかが》っています。そのなかでもいちばん印象的なのは、有名な話ではありますが、広島のほうで転倒《てんとう》されて……。

芦川よしみ守護霊　ああ……。ええ、ええ。

竹内　お顔のほうを骨折してしまって、そうとう深い重傷だったにもかかわらず、当時、舞台《ぶたい》で全国巡業《じゅんぎょう》中のトラブルだったので、病院で応急処置をしただけで、また舞台に出たとお伺いしたんですよね。

芦川よしみ守護霊　ええ。

竹内　そのまま十日間の公演を演じ切ったそうですが、それで、さらに悪化してしまったと伺いました。ただ、その「プロ根性《こんじょう》」といいますか、それがやはり、

●**お顔のほうを骨折してしまって……**　2005年11月、舞台の巡業先だった広島市のホテルで転倒し顔面を強打。右顔面を骨折したが、その翌日には舞台に立ち、最終日まで巡業を続けた。その後、精密検査を受け、大手術を行《おこな》ったが、8カ月後には舞台に復帰している。

芦川さんの強さなのではないかと。

お話を聞いているときも、このエネルギー量がすごくて、ある意味、「人ではないなあ」という（笑）。

芦川よしみ守護霊　人では……（笑）。

竹内　失礼なお話でごめんなさい。

芦川よしみ守護霊　それは……（笑）（会場笑）。それはちょっと……（笑）。

竹内　言葉がよくありませんでした。すみません。

芦川よしみ守護霊　「人ではない」という言い方は、そのあとに来るものによって……。

竹内　女優さんには、普通《ふつう》に生きてきた人では持ちえない、単純に「体力」とは言えないような、常人のエネルギーとは違《ちが》うものがあると思うんですよ。

芦川よしみ守護霊　うーん。

竹内　常に切れないエネルギーをずっと維持《いじ》していらっしゃって、本当に成功した方と、そこまでまだ行っていないタレントとの差を感じています。これが、根性の問題なのか、気概《きがい》、使命感の問題なのか。

芦川よしみ守護霊　うーん。

女優生命を懸《か》けて演じ続ける姿勢を「山登り」にたとえる

竹内　先ほど、「いろいろな役を演じる」というお話もありましたけれども、ここについての芦川さんのキーといいますか、何がそうさせるのでしょうか。

芦川よしみ守護霊　山登りに近いですよ、人生って。だから、「下《くだ》る」のは簡単。「下る」のは簡単ですけども、「登る」のはやっぱり難しいです。

竹内　うーん。

芦川よしみ守護霊　登り続けるのは、とても難しい。荷物を背負って、自分の本《ほん》性《しょう》に逆《さか》らって山を登り続けるのは大変なことですし、頂上まで登るのはもっと大変なことですよね。なかなか頂上までは辿《たど》り着けないのが普通ですけども、やっぱり、山を登っているような気持ちはあります。

まあ、いったん休むことはあるかもしれませんけれども、休んだら、次にもう一回登るのも大変ですし、いったん下り始めてから登り返すっていうのもなかなか大変なことでして。やっぱり、「歯を食いしばって、一歩でも進む」っていうことは難しいことなんじゃないですかねえ。

たまたま幸福の科学にご縁《えん》があったので、勉強させてもらう機会がすごくございますけれども、それは、たぶん、大川隆法総裁先生も同じなのではないでしょうか。やりたくないときもいっぱいあるんじゃないでしょうか。「『芦川よしみの「演技する心」講義』なんか、したくないよ」って。本当はしたくないんじゃないですかねえ。

芦川よしみ守護霊が語る
「演技する心」

山登りに近いですよ、人生って。
「下《くだ》る」のは簡単ですけども、
「登る」のはやっぱり難しいです。
頂上まで登るのはもっと大変なことですよね。

竹内　そんなことは……。

芦川よしみ守護霊　「明日《あした》から映画（「天使に〝アイム・ファイン〟」）があるんで、映画の反応を聞いてから考えたらいい」なんて、心のなかのささやきはあるのに、「映画が公開される前の日に（守護霊霊言《れいげん》の収録を）やるっていうことは、『悪評が立つ前に先手を打っておこう』という、芦川よしみの欲心の表れではないか」とか、きっと思われるんじゃないかと思うんですが、そこを抑《おさ》えて、「何か少しでもほかの人の参考になるんじゃないか」と思ってやってくださっている。

竹内　はい。

芦川よしみ守護霊　だから、うーん……。まあ、いろんなものが関係してくるんでしょうけど、総裁先生も、いろんなことがあっても前に進んでいこうとされていくし、ときには、荷物も捨てたり、ザイルを切ったりしなきゃいけないこともあるんでしょうけど、やっぱり、山登りを続けておられるような感じはしますよね。

それは、「不動心」でもあるし、「精進《しょうじん》する心」でもあるし、うーん……、何だろう？　「上求菩提《じょうぐぼだい》」？　悟《さと》りを求めて、そして「下化衆生《げけしゅじょう》」？　大勢の人を救えるという気持ち？

私たちの、この俳優業・女優業のなかにも、大勢の人の「心の癒《い》やし」や「人生の支え」になる部分もあるとは思うんですけども、そういう「下化衆生」はですねえ、常なる「上求菩提」に支えられている自分自身が、自分自身の心を強くして高めていくという、そういうような習慣を身につけて、精進し続けるところに出てくるんじゃないかなあと。

だから、精進しているからこそ、救済力が出てくる。これは教えのとおりだと思うんですよね。たぶん、総裁先生も、教えられる人の幅《はば》が広がれば広がるほど、自分の精進しなきゃいけない部分が増えてくるんじゃないかなあと思いますね。「下る」のは簡単ですが、「登り続ける」のは、とても難しいことだと思います。

まあ、今の（骨折の話）は、代役があればやれてもいいことですけども、私としては、やっぱり意地があったので。

「もしかしたら、女優生命の終わりかもしれない」という感じはありましたけれども、女優生命が終わるなら終わるで、やっぱり、「『投げ出した』とは言われたくないな」っていう気持ちはありましたのでね。やはり、そういう宗教的な「心の練《ね》り方」が効《き》いていたのかなということと、「最後は神仏が護《まも》ってくださる」という気持ちを持っていました。

芸能界は、あっという間に忘れ去られる厳しい世界

竹内　以前、北川景子《きたがわけいこ》さんの守護霊様も、「オーディションや、さまざまなときに、神が常に見ているというのを感じながら演じている」ということをおっしゃっていました（『女優・北川景子　人気の秘密』〔幸福の科学出版刊〕参照）。やはり、この女優業においても、「神との関係」というのはとても大事な要素になってくるのでしょうか。

芦川よしみ守護霊　うーん……。北川景子さんも出されたので。北川景子さんは、今、ちょっとですねえ、神が見ていないところで何か〝動き〟があったように見えるところもあるので、言いにくいですけどもね。
まあ、うーん……、あの方はあの方ですので、ちょっと……。

竹内　はい。また違うんですね。

芦川よしみ守護霊　一緒《いっしょ》にはいかないとは思うんですが。

ああいう一流でいっている方でも、ちょっと休まれると、その間にほかの方々が急に生き生きとしてこられたように見える面もあることはありますね。

だから、競争の激しい世界なんですよ。そんなに簡単に生き残れない世界でして、そうしたトップ女優のような方がですね、ちょっと「一休《ひと》み」されたり「下山」されたりするようなことがあると、あっという間にほかの人が出てくる世界なんですよ。

競争という意味ではすっごい厳しい。まあ、プロのスポーツの世界も同じぐらいの厳しさかなとは思いますけれども、芸能界もやっぱり、競争という意味では厳しい。あっという間に〝忘れ去られ〟ていく。あっという間に〝廃業《はいぎょう》〟していく人の山です。

やっぱり、年《とし》相応の努力は要《い》るし、年相応に変化していく力がなかったら残れません。

原節子《はらせつこ》さんみたいに、「現役《げんえき》を退《しりぞ》いて五十年」っていう感じの、あれが一つの美学なんでしょうけど。こう、「恋愛《れんあい》ができるような主演を張れなくなったら、もう出ない」っていう、まあ、あそこまで行ったら、そういう意地があってもいいかとは思うんですけど。

というよりは、やっぱり何て言うか、「吉永小百合《よしながさゆり》さんや樹木希林《ききききりん》さんみたいに、年齢《ねんれい》が変わってもまだ主役が取れるような方々は、やっぱり素晴《すば》らしいなあ」と思うところは多いですね。

若いときの「いちばんいいまま」ではいられないから、必ず変化はありますね。

芦川よしみ守護霊が語る

「演技する心」

芸能界もやっぱり、競争という意味では厳しい。
あっという間に〝忘れ去られ〟ていく。
あっという間に〝廃業《はいぎょう》〟していく人の山です。
年《とし》相応の努力は要《い》るし、
年相応に変化していく力がなかったら残れません。

小川知子《おがわともこ》さんも言ってらっしゃったと思うけど、「三十過ぎたら、勉強していないと、もう、女優は務まらない」っていうかな。「勉強していなかったら、もう、もたないですよ」っていうようなことを言っておられると思いますけど、そうだと思う。本当にそうだと思います。

だから、「ほかの人がやっていない勉強をしている」っていうことがすごい支えになると、私は思いますね。

竹内　ありがとうございます。

8 芸能界を指導する「神」とは？

撮影《さつえい》現場でいかに集中力を高め、役に入り切るか

長谷川　現場でのことをちょっとお訊《き》きしたいと思いますが、ドラマや映画の撮《さつ》影《えい》のときに、撮影現場には数多くのスタッフさんがいらっしゃると思うんですね。そのなかで、いかに集中力を高めて、その役に入り切るかというコツなどがあったら、ぜひ、お教えいただきたいと思います。

芦川よしみ守護霊　うーん……。いやあ、若いと、なかなかそれは難しいところがありますね。

自分よりも年上で経験の豊富な方々がたくさんいらっしゃるなかで、うーん……、確かに、みなさんの立ち位置を理解して、心を理解して、自分の振《ふ》る舞《ま》うべき筋道《すじみち》を見つけるっていうのは、とても難しいことかなあと思うんですが。

とりあえずは、まず、「与《あた》えられたこと」はしっかりと役割を果たさなければいけないと思うんですね。ほかの人に迷惑《めいわく》がかからないように、与えられたことはしっかりやらなきゃいけない。当然ですけども。うん。

まあ、それ以外のことをあえて言うとしたら、やっぱり、「取り組む姿勢の問題はある」と思うんですよね。

何て言うか、ほかの人へのちょっとした思いやりの気持ちというか、自分がやっているところが全体のなかのどういう役割で、自分がどういうふうにやったら、ほかの人にはどう影響《えいきょう》するかのところを、いつも考えていられるかどうか。

撮影が夜中にまでいくようなときもあるでしょ？ 自分のところで、すごく撮《と》り直しが多かったら、「自分のあとは誰《だれ》が何をするか」っていうのを考えたときに、「迷惑がかかるかもしれない」とか思うこともあるでしょ？　そういうことはあるので。

まあ、そういう「時間的な流れ」と、「場所的な問題」とか。

あるいは、何て言うか、日中か夕方か夜かによっても違《ちが》うし、疲労《ひろう》が出てきますよね？　遅《おそ》くまで撮影が続いてくると、疲労が顔色に出てきますから、みなさん困る。うーん、顔が勝負の方が多いから、疲労が出ると困るし。

長丁場《ながちょうば》になってきますと、ストレスが溜《た》まってきますから、どうしても、みんな、暴飲暴食《ぼういんぼうしょく》してしまったり生活がちょっと乱れたりすることがありますからね。だから、「翌日に備える心」まで持ってるかどうかっていうことも大事であろうと思いますね。

あとは、「迷ったときに、何に心を合わせるか」っていうところは大きいのかな。

まあ、監督《かんとく》が信頼《しんらい》できれば、監督の言葉に全部〝帰依《きえ》〟すればいいんだろうと思うし、脚本家《きゃくほんか》が信頼できる場合は、脚本家の気持ちを一生懸命《いっしょうけんめい》読み解《と》いて、「こういうふうに演じてほしいだろうな」「脚本家はそう思っているだろうな」と思う気持ちでやればいいし。

そういうもので十分でなかったら、宗教的な信仰心《しんこうしん》でもって、霊天上界《れいてんじょうかい》にあられる、幸福の科学の芸能系を指導されている神々に、「お導きをよろしくお願いします」という気持ちを持っていることが大事なことなんじゃないかと思うんですね。

そういう感じが出てくるだろうと思います。周りにね。

芸能系の神々の中心にあるギリシャ的精神

竹内　今、お話に出ました「幸福の科学の芸能系の神々」というのは、今、霊界《れいかい》にそういう存在、霊域《れいいき》があるということなのでしょうか。

芦川よしみ守護霊　あるんじゃないですか？　今は特に光が当たってきつつあるので、出てこようとしてると思いますね。

竹内　うーん。

芦川よしみ守護霊　伝道にもいろんな方便《ほうべん》があります。絵画《かいが》みたいなのが流行《はや》ってですね、「絵」で芸術を表現するような場合もあれば、「音楽」で表現する場合、「踊《おど》り」で表現する場合、それから、「劇」などで表現する場合。

現代であれば、やっぱり、「テレビ」とか「映画」とかが急に流行ってきましたですから。まあ、そういう新しい表現形態が出てきたので、今、それに合わせて、いろんな方々がまた努力なされていると思うんですよね。

だから、時代が変化していく、その流れのなかで、きっと天上界も変化してきているると思いますよ。やっぱり、芸能系に関心のある方々が協力してくださっているると言うべきですね。そういう時代も、過去、幾《いく》つかあったということです。

竹内　今、そこの中心におられる方としてはどういうご存在が……。

芦川よしみ守護霊　芸能界の中心ですか?

竹内　はい、はい。

芦川よしみ守護霊　（約五秒間の沈黙《ちんもく》）うん……、まあ……、私の立場では、その中心が何かまで見るのはちょっと難しいと思うんですけども。でも、ギリシャ的な精神みたいなものが、やはり、中心にあるように感じられるんですけどね。

竹内　ヘルメス様のほうの？

芦川よしみ守護霊　うーん、そう。ヘルメス様とか、アフロディーテ様とか、あるいは……。

竹内　エロス様……。

ヘルメス　約4300年前のギリシャに生まれ、「愛」と「発展」の教えを説いて西洋文明の源流をつくった英雄。エル・カンターレの分身の一人。（写真は幸福の科学・大阪正心館屋上のヘルメス像）

芦川よしみ守護霊　うん。ほかにも、エロス様、その他にも、ギリシャの神々はいっぱいいいますけど。アポロンの芸術とか、音楽の神様がたがだいぶいらしたのではないかと思う。

まあ、今、ギリシャがああいう状態ですので、ギリシャで（神々が）活躍《かつやく》しているとは思いません。日本やアメリカあたりで協力をなさっているんじゃないかと思います。

芸能界での「最強」の概念《がいねん》

竹内　先般《せんぱん》、堺雅人《さかいまさと》さんの守護霊霊言《れいげん》で、韓信《かんしん》様も、今、芸能界を指導しているという話がチラッとあったんですけれども（『堺雅人の守護霊が語る　誰も知らない「人気絶頂男の秘密」』〔幸福の科学出版刊〕参照）。

芦川よしみ守護霊　あれ？　韓信様？　ふーん。

竹内　やはり、天上界の計画で、芸能界のそういう改革があるのでしょうか。また、劉邦《りゅうほう》様がスピルバーグとして転生《てんしょう》しているという話もあるのですけれども（『項羽《こうう》と劉邦の霊言　劉邦編――天下統一の秘術』〔幸福の科学出版刊〕参照）。

芦川よしみ守護霊　ああ……。まあ、そのへんになりますと、私では少し分かりにくいんですが。

うーん……、昔の戦争の「勝ち負け」と違ったものが、現代ではあるんでしょう？　だから、会社でも、大小ができて「勝ち負け」があったりするように、芸術的なものでも、そういうのが、たぶんあるんだろうと思うんですよね。国を挙げての「勝ち負け」があるんだと思うんです。

だから、アメリカなんかが「世界最強」と言っているのは、軍事だけじゃなくて、たぶん、ハリウッドなんかも、世界最強と思っているものの一つでしょうね。アメリカが自慢《じまん》に思っている幾つかのうちの一つだと思うんです。「ハリウッド最強」と思っていて。

ほかの国にも、それは……、日本のものもちろんありますし、中国も最近頑《がん》張《ば》っているし、ボリウッド（インド映画）とかナリウッド（ナイジェリア映画）とか、ほかのところにもあるんでしょうから、それぞれのところで、やっぱり、「最強」の概念《がいねん》が、昔とはちょっと違ったようなかたちには出ているのかなとは思いますよね。

だから、ハリウッドで評価されるものと、日本アカデミー（賞）で評価されるものも、ちょっと違っていますよね？ そのように、それぞれ少し違いはあるのかなと思います。

ただ、そこまで大きくなると私の任には負えないので、分かりませんけれども。

9 芦川よしみの過去世《かこぜ》は有名な歌人・随筆家《ずいひつか》

「転生《てんしょう》のなかでは、宗教系はとても多い」

竹内　ここで、芦川さんご自身の秘密に迫《せま》っていければと思います。芦川さんは、今、女優ではありますが、どのような転生《てんしょう》、ご経験をされてこられたご存在なのでしょうか。

芦川よしみ守護霊　うーん……。まあ、今の時代とは違《ちが》いますからね。今の職業のようなものは、そのままは、昔はありませんから。
まあ、そうですねえ……。もちろん、たくさんの転生のなかでは、宗教系は多いです、とても。

竹内　宗教系ですか。

芦川よしみ守護霊　うん。宗教系はとても多いと思っています。いろんなかたちで、宗教系に出ているとは思います。

それがいちばん多いし、芸能も、やっぱり基本は、宗教の、何か……。

宗教って、人が集まるじゃないですか。人が集まると、やっぱり、何て言うか、まあ、お祭りになりますよね？　だから、宗教っていうのは、必ずお祭りを呼ぶものじゃないですか。

竹内　はい。

芦川よしみ守護霊　お祭りになると、それに、出し物が必ずつくので。歌ったり、踊《おど》ったり、何か見せたりするものが、必ず出てくるでしょう？

そういう意味で、芸能系っていうのは、教団の最初のころは、ちょっと違ったふうに見ていたんだろうと思うけれども、意外に、「宗教の発展」と「芸能的な部分の膨《ふく》らみ」とは関係があるんじゃないかと、私は思うんですよね。

人が集まる。その人が集まるときには、必ず、大勢の人を惹《ひ》きつけるものが必要になってくるでしょう？

竹内　はい。

芦川よしみ守護霊　だから、そういう意味での芸能集団っていうのは、必ずでき

芦川よしみ守護霊が語る

「演技する心」

意外に、「宗教の発展」と
「芸能的な部分の膨《ふく》らみ」とは
関係があるんじゃないかと、私は思うんですよね。
人が集まるときには、
必ず、大勢の人を惹《ひ》きつけるものが
必要になってくるでしょう？

てくるんじゃないかと。

ギリシャだって劇もあったし、歌も踊りも、たぶんあったと思うけど、日本神道《しんとう》でも、劇も歌も踊りもあったと思うし、ほかのものも、たぶんそうでしょうね。舞《まい》とか、歌とか、踊りとかは、これ、みんな芸能系のもとになるものですよね？

そういう意味で、宗教には縁《えん》がいつもありましたけれども、多少、そういう芸能、文学、宗教系に関係がある魂《たましい》ということかな。

芦川よしみの過去世《かこぜ》に迫《せま》る

竹内　具体的には、どのような時代で活躍《かつやく》されたのでしょうか。

芦川よしみ守護霊　具体的に……。うーん……。

まあ、イメージがつきやすいので難しいんですけど。うーん、男性もいることはいて。うーん……、みなさんはあんまり知らないでしょうね。きっと、（質問者の長谷川を指して）この人は知らないと思う。

竹内　（笑）何時代でしょうか。

芦川よしみ守護霊　うーん、時代的には北条政子《ほうじょうまさこ》様の時代……。

竹内　鎌倉《かまくら》ですか。

芦川よしみ守護霊　うーん。

竹内　初期のころですね。

芦川よしみ守護霊　うーん。源実朝《みなもとのさねとも》さんを教えたことがあるんですけども。鴨《かもの》長明《ちょうめい》という名前で、『方丈記《ほうじょうき》』っていうのを書いたことがある。

竹内　ああ……。

芦川よしみ守護霊　これは男性ですが。

竹内　歌人の方ですね。

芦川よしみ守護霊　そうですねえ。だから、そういうこともあるので、ちょっと、今、縁がないわけではないんですが。

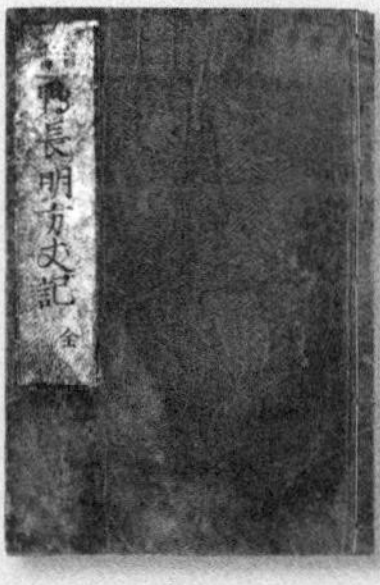

鴨長明（1155 ～ 1216）

「ゆく川の流れは絶えずして、しかも、もとの水にあらず」の書き出しで知られる日本三大随筆の一つ『方丈記』の作者。賀茂御祖《かもみおや》神社の禰宜《ねぎ》の家に生まれる。後鳥羽《ごとば》上皇から和歌所寄人《わかどころよりうど》に任命されるなど、歌才に恵まれ、『新古今和歌集』など勅撰《ちょくせん》和歌集に 25 首が入撰している。希望していた河合社の禰宜職への道を断たれた失意から、50 歳で出家。隠遁《いんとん》生活をしながら執筆した『方丈記』は、仏教的な無常観をテーマとしたもので、長明自身の深い内省と思索の様子が記されている。

（上）鴨長明の肖像画、『肖像集』（栗原信充《くりはらのぶみつ》著／江戸後期刊）より

（右下）『方丈記之抄』（長谷川市良兵衛《はせがわいちろうべえ》刊／ 1658 年〔明暦 4 年〕）

（左下）賀茂御祖神社の摂社である河合《かわい》神社内にある「長明の方丈」

竹内　でも、鴨長明さんは、琵琶《びわ》とか琴《こと》とかを弾《ひ》きながら、歌を詠《よ》まれていて、まさに芸能系の方ですよね。

芦川よしみ守護霊　まあ、当時の教養人といえば教養人だと思いますけれども。でも、それは男性なので、今と直接つながりはないとは思うんですが。

竹内　うーん。

芦川よしみ守護霊　まあ、その前は、幸運にも、弘法大師《こうぼうだいし》・空海《くうかい》のお母様として生まれることができたので。だけど、これは、陰徳《いんとく》の部分ですかね。まあ、陰徳の部分ですので。

竹内　ああ、そうですか。

芦川よしみ守護霊　うん、うーん。

竹内　確か、空海のお母様は、高野山《こうやさん》に登られたところ、あそこは女人《にょにん》禁制で入《はい》れないために、雷鳴《らいめい》が轟《とどろ》いたという話がありました。あれは、当時、どのような意味があったのでしょうか。

芦川よしみ守護霊　うーん、まあ、いろいろよ。いろんな方が、いろんな話をつくられるので、ちょっと言いにくいんですが。

まあ、当時、女性はやっぱり無名ですので、「女性の徳」としては、産み落としたところまででしょうかね。産み落としたところまでで。ちょっと偉《えら》すぎたので、もう控《ひか》えるべきでしょうかね。まあ、四国にも縁はあったとは言えると思うんですけど。

竹内　うーん、息子《むすこ》が偉すぎた場合は、母親はもう関係がなくなりますねえ。

竹内　偉大《いだい》なお仕事をなされていたんですね。

芦川よしみ守護霊　ええ。もうそれで、仕事は終わってしまう。釈尊《しゃくそん》なんかだったら、産み落としただけで、母親の仕事は終わってしまっているという……。

竹内　（苦笑）

仏母院《ぶつもいん》
（香川県仲多度郡《なかたど》多度津町《たどつちょう》）

慈尊院《じそんいん》
（和歌山県伊都郡《いと》九度山町《くどやまちょう》）

玉依御前《たまよりごぜん》（不明～835）
弘法大師・空海の母。香川県多度津町にある「仏母院」（写真左上）は、玉依御前の屋敷跡とされている。

〈女人高野・慈尊院のエピソード〉
空海が高野山金剛峯寺《こんごうぶじ》（和歌山県高野町）を開いた後《のち》、これを一目見ようと母の玉依御前が讃岐国《さぬき》（香川県）から訪れたが、女人禁制のため入ることができず、麓《ふもと》にある政所《まんどころ》（宿所）に滞在して亡くなった。そのとき、空海は母が弥勒菩薩《みろくぼさつ》になった霊夢を見て、自作の弥勒像を安置したことから、この政所を「慈尊院」（右下）と呼ぶようになった。また、女人が結縁《けちえん》（仏道に帰依《きえ》すること）する寺として、「女人高野」とも呼ばれる。

芦川よしみ守護霊　だから、長く生きられると、実は困るんじゃないでしょうかね（笑）。私、分かりませんが。アハッ（笑）。

竹内　でも、宗教的な魂であるということは、やはり、仏陀《ぶっだ》やヘルメスの時代にもいらっしゃったんですか。

芦川よしみ守護霊　ええ、もう、いつの時代もいましたよ。

竹内　ああ、そうですか。

芦川よしみ守護霊　それは、いつの時代も。仏陀の時代もヘルメスの時代も。

（大川隆法）先生が出るときには、いつだって貪欲《どんよく》に出てますよ。絶対に出ます。

古代ギリシャの時代にはどのような仕事をしていたか

竹内　やっぱり、芸能系ですか。

芦川よしみ守護霊　芸能……。いやあ、それは、あなたに言われるのはちょっと困るんですけどね（苦笑）。

竹内　私に言われると困る？

芦川よしみ守護霊　あなたに言われるのは、ちょっと、どうですかねえ。

竹内　それは、どちらの時代の話ですか。

芦川よしみ守護霊　え？　いやあ……。まあ、そちら様のほうがお得意かもしれないから、うーん……。今回は、私のほうが本職ですけど、本当は、あなたのほうが芸能系なんじゃないんですか。

竹内　ああ、ギリシャの時代の話ですかね？（注。質問者の竹内は、以前のリーディングで、過去世《かこぜ》の一人が、古代ギリシャに実在した美の女神《めがみ》アフロディーテであったことが判明している。『エロスが語る　アフロディーテの真実』〔幸福の科学出版刊〕参照）

芦川よしみ守護霊　ああ、そう、そう、そう、そう、そう。

竹内　ヘルメス様の時代では、どんなお仕事をなされていたんですか。

芦川よしみ守護霊　だから（苦笑）、あのー……、（聴聞者席《ちょうもんしゃせき》を指して）同業者が多くて、あっちにもたくさんいるので、もう、困ったな。

いちおう王宮ですから。王宮ですので、まあ、うーん……。それは、歌姫《うたひめ》もいれば舞姫もおれば、演出する方もおれば、いろんな方がいらっしゃいますよね？

竹内　はい。

芦川よしみ守護霊　うーん、うん。アフロディーテでなかったのは残念です。

竹内　え……？

芦川よしみ守護霊　「でなかった」のは残念。

竹内　ああ、ああ。はい。

芦川よしみ守護霊　ええ。「ではありません」から、残念です。

竹内　でも、そういった芸能系で、当時、ギリシャの地でご活躍なされたということですね。

芦川よしみ守護霊　うーん。でも、アフロディーテ様の髪《かみ》をくしけずったぐらいの経験はございます。

竹内　分かりました。

芦川よしみには、なぜ「霊的《れいてき》な奇跡《きせき》」が起こるのか

竹内　お話をお伺《うかが》いしていますと、芦川さんは、さまざまな霊的《れいてき》な奇跡《きせき》の現象が、けっこう起きる方だなと感じております。

芦川よしみ守護霊　うーん、うん、うん。

竹内　例えば、先ほどのお顔のお怪我《けが》もそうですけれども、もう今は、すごくおきれいに、奇跡の復活をなされています。

また、それ以外にも、「あるとき、舞台に出られる寸前に、急に少し引っ張ら

れた感じになったところ、そのおかげで、そのときに起きた、幕が落ちるという事故に巻き込《こ》まれずに済んだ」というような話もありました。

いろいろなところで、そういう奇跡が起きているという話を聞くことがあるのですが、そのときに、霊界《れいかい》では、どのような現象が起こっているのでしょうか。

芦川よしみ守護霊　だから、先ほど申し上げましたように、弘法大師・空海が、すごい奇跡の方ですからね。いろいろな奇跡を起こされる方でして、同一人物ではないけれども、ある意味では、ヘルメス様みたいなところがある方だと思うんですよ。

芦川よしみが演じた、末期ガンに苦しむ本郷吉乃《ほんごうよしの》にも、天使の導きで奇跡が訪れる。
（映画「天使に"アイム・ファイン"」より）

「奇跡の人」だし、「万能《ばんのう》の天才」だった方であるのでね。

まあ、そういう方々とご縁がありましたので、私のごとき小さな者でも、何か、生かしておく意味があると思ってくださっているのではないかなというふうに思っています。

こんな小さな者だけど、いつの時代も、健気《けなげ》に、信仰心《しんこうしん》を持って生きているというようなところを見てくださっているのかなあというふうには思っています。

10 「宗教」と「芸術」の深い関係

「宗教美術」が生まれてくる理由とは

竹内　私のほうから、最後に一問だけお訊《き》きします。

鴨長明《かものちょうめい》様もそうだと思いますが、やはり、「宗教」と「芸能」というものは融《ゆう》合《ごう》していくものであり、そこに「新しい美」が生まれていくように感じています。

そこで、宗教と芸能が合わさる部分というのは、どういったものだとご認識されていますでしょうか。

芦川よしみ守護霊　うーん、何でしょう？　やっぱり、人が大勢集まるところには「富」も集まりますし、人が集まり富が集まったところには多くの人たちの「楽しみ」や「喜び」につながるものも必要になってくるっていうことですかねえ。

まあ、今は平等な世の中ではあるんだけれども、本当に完全平等なだけの世の中になると、共産主義の天下みたいになって、みんな軍服みたいな人民服《じんみん》を着てたら何も美しくないですよね?

だから、きらびやかな世界がある時代もあるし、そうではなく、宗教的には厳しくとも、ある程度の人が集まってきて、それなりの王宮のようになってきたり組織になってくると、力が出てくる。それで宗教があると、「宗教美術」っていうのが必ず生まれてきますよね。

で、宗教美術がなぜ生まれるかっていうと、より多くの人に門戸《もんこ》を開いて、寄せるためですよね。

今、神社・仏閣《ぶっかく》は日本にたくさんありますけれども、神社・仏閣が美しくなかったら、芸術性がなかったら、多くの人たちがそこを訪問していかないでしょ？　本当は、信仰心《しんこうしん》があって神社・仏閣を巡《めぐ》るべきではあるんだけれども、そこまで行っていない人でも、京都や奈良《なら》を回ったり鎌倉《かまくら》を回ったりするでしょう？

竹内　はい。

芦川よしみ守護霊　それは、何て言うかなあ、まあ、方便《ほうべん》の教えなのかもしれないけれども、美というものが多くの人を誘《いざな》うきっかけになってるんじゃないかと思うんですよね。

今は、それがもうちょっと多角的に変化してきて、歌になったり映画やテレビになったりと、いろいろなっていると思います。それで、人の心を捉《とら》えて人気が出る人も出てくるけれども、一定以上の人気が出てくれば、影響力《えいきょうりょく》は必ず出てきますよね。

だから、そういう意味で、その人の心が持って発信しているものが、「入り口になる」っていうか、「窓口になる」っていうか、多くの人の力になると思うんですね。

幸福の科学を信じる芸能人へのアドバイス

芦川よしみ守護霊　今、幸福の科学の会員さん、信者さんで芸能界にいる方はいっぱいいると思うんです。

で、若い人も特にいっぱいいると思うけど、若い人たちは、例えば、「幸福の科学の信者です」と名乗って出られないですよね？

芦川よしみ守護霊が語る

「演技する心」

美というものが多くの人を誘《いざな》うきっかけになっているんじゃないかと思うんですよね。

今は、それがもうちょっと多角的に変化してきて、歌になったり映画やテレビになったりしていると思います。

一定以上の人気が出てくれば、影響力《えいきょうりょく》は必ず出てきますよね。

なぜかっていうと、やっぱり、芸が確立していない。芸事が確立していないか、信仰が確立していないか、あるいは、自分自身に、他人《ひと》の批判に流されないだけの強さがまだできていないからでもあろうと思うんですよね。

（長谷川に）まあ、あなたなんかもそうだろうけれども、女優で活躍《かつやく》なされていて、有名になってきたら、やっぱり、芸事というか、芸能、演劇、あるいは、そういう演技において、プロフェッショナルとしての地位を確立するところまで頑張《がんば》らなきゃいけないと思うんですよね。

だから、それが確立するところまで行《い》ったら、例えば、宗教がどうであれ、それをあれこれ言えないっていうレベルがありますよ。

創価学会《そうかがっかい》みたいなところだって、あれは一般《いっぱん》的には嫌《きら》われていたことのほうが多い宗教だと思うけれども、そのなかで「芸能部門」にすごく力を入れて、芸能人をいっぱい出していった。

まあ、全部が一緒《いっしょ》じゃないですけどね。全部が一緒じゃないけど、そのなかでも抜《ぬ》け出していった方は、やっぱり、何人かはいますよね。上のほうまで抜けて。上のほうまで抜け出していった方になると、「宗教の信者だから」というだけで、「コマーシャルに出さない」とか、「ドラマに出さない」とかいうようなことができなくなるレベルっていうのが、やっぱりあるんですよね、芸が固まってきたらね。だから、そのレベルまで行かないといけないんじゃないかなあと思います。

先ほどの富士山《ふじさん》のたとえで言えば、「雲の上に〝頭〟が、〝頂《いただき》〟が出てる部分」ですかね。富士山の七合目に雲がかかっていて、その上に頂が出てる。この「頂の部分」に出なかったら、芸能人として活躍しながら同時に教団のお助けをする力は出てこないんじゃないかなあと思う。

今の段階だったら、教団の力を借りて人を動員してもらったり、チケットを買ってもらったり、お金を出してもらったり、広告をしてもらったり、原作的にストーリーをもらったりしていますよね。そういうのでやらせてもらってるところがすごく多くて、実はまだ、自分の実力じゃない部分があると思うんですよね。だから、その意味では、次第《しだい》に芸を極《きわ》めて、「やっぱり、実力があるな」と、いかなきゃいけない。

「プロとしての評価」が揺《ゆ》るがないトム・クルーズの演技

芦川よしみ守護霊　トム・クルーズみたいな人だって、サイエントロジーか何かの広告塔《とう》になってるっていうことは、アメリカでも週刊誌等で批判されているとのことですけれども、そういう、宗教の広告塔になってることへの批判はされても、彼の芸っていうか、演技そのものに対しては、やっぱり、プロフェッショナルとしての評価は揺《ゆ》るがないですよね。

●サイエントロジー　L・ロン・ハバード（1911 ～ 1986）が創始した新宗教で、アメリカのフロリダ州に本部を置く。個人の精神性や能力を高めることを説いているが、教団の性質について、カルト的であるとの批判もある。

だから、いろいろな監督《かんとく》が彼を起用して使ったところで、それを、「サイエントロジーの広告塔だから使うな」っていうのは言えないでいるし、彼自身もそれに負けないだけの演技はやってますよね。

まあ、この前も、離陸《りりく》する飛行機に飛び乗る役とか、何かやっていましたよね。（撮影時《さつえい》に）何回も「飛び乗る」というのをやってましたけど、彼はスタントを使わずにやりますからねえ（二〇一五年公開のアメリカ映画「ミッション：インポッシブル／ローグ・ネイション」）。

やっぱり、それには頭が下がりますよね。できない。あれだけの大スターになったら、スタントを使わないと普通《ふつう》はやらないのに、離陸する飛行機に飛び乗っていく役を平気でやるでしょう？

それから、ドバイでは八百メートルかなんかあるビルの壁《かべ》、外のガラスを登るのをやったんでしょう？（二〇一一年公開のアメリカ映画「ミッション：インポッシブル／ゴースト・プロトコル」）

できませんよ。ねえ？　やっぱり、できないです。あれだけのスターになって、それはできないですけど、それをやりますからね、自分で。それだけ体を張ってやってますよねえ。

彼自身は、「失読症《しつどくしょう》」っていうことで、字が読めない。トム・クルーズさんは字が読めないとのことなんだけど、字が読めないので台本を読んでもらって、覚えてやってるんですよね。

だから、そういうハンディを背負ってやってる。

ただ、失読症っていう難病を持ってるけど、それがサイエントロジーという宗教で、自分としては救われたと思ってるから、ずっと続けていらっしゃる。

一般の人は、それを理解してくれませんけれども、そういう人が頑張ってるから、教団にとって、すごい貴重な方になってはいるでしょうね。

まあ、そういう意味で、芸能界をやってると、隠《かく》していく人がいる。（長谷川に）若い人で、あなたぐらいの年の人たちでも、幸福の科学の信者の方はいますけど、みんな、いろんな芸能事務所に所属していると、隠してますね。ニュースター・プロダクションは隠せないけれども、それ以外のところは、みんな隠して、様子を見てますよね。やっぱり、自分のところから離《はな》れたら、食べていけなくなるから。

これは、ちょうど、「幸福の科学の信者だけど、自民党に属している」とか、「民主党（収録当時）に属している」とかいうような人たちが、動きを潜《ひそ》めて、鳴《な》りを潜めて隠れているのと、ちょっと似てはいますけどね。

竹内　そうですね。

芦川よしみ守護霊　これは、幸福の科学の演劇部門が非常に大きくなって、「ここを出れば必ず成功する」みたいになってきたら、ソロッと〝穴〟から出てくるんだと思いますけどね。

まあ、それは生きていくために、みんな、それぞれ自分の努力で釣《つ》り合った生き方しかできませんから、しかたがないんですけど。

ただ、内部にいる方、ニュースター・プロダクションなんかの方々は、その程度の自己確立、努力をなされなければいけないんじゃないですかねえ。

そのへんはフェアに、みんなは見てると思いますよ。

宗教への偏見《へんけん》を破る新たなスター出現を期待する

愛染　最後に、長いスター人生を踏《ふ》まえ、芦川よしみさんの守護霊様に、これから芸能界で活躍したいと思っている若者、また、今、スタートを切っている若者をどう思われているかということと、一言《ひとこと》、激励《げきれい》の言葉を頂ければありがたいと思います。

芦川よしみ守護霊　まあ、長らく活字を通して、本による伝道をやってきたんだとは思うんですけれども、やはり、本が読める方がそんなに多くはありませんので。（日本の）読書人口は二十万ぐらいだとかいう説もありますので（笑）、それだったら、一億二千七百万人の伝道は不可能ですよね。二十万ぐらいしか読書階級がいないし、本もかなり難しいことは難しいですよね。

だから、全部それを知らせることはできないから、その〝入り口〟として、「映画」とか、「ドラマ」とか、いろんなものがあると思うんですよ。あるいは、「番組」をつくることもあると思うんですけど。

まあ、宗教で言えば、「難行道《なんぎょうどう》」と「易行道《いぎょう》」がありますが、入り口としては易行道の部分で、いろんな人が一般的に入りやすいかたちでつくる部分が「芸能部門」だと思うんです。

もちろん、これも、なかを極めれば、たぶん、難行道に行くと思うんです。最高度の芸術まで求めてきたら、非常に難しいところまで行くし、その〝宗教の奥義《おうぎ》〟まで入った映画とか、ドラマまで行けば、大変なことになると思いますけれども。

まあ、そうした芸能界で活躍する方が出たり、作家とかで活躍される方が出たり、脚本家《きゃくほんか》が出たりすれば、監督とか、いろんな関連分野で活躍される方が影響を受けてきて、次第《しだい》に「テレビ」とか、「映画」とか、「新聞」とか、いろんなメディアに浸透《しんとう》をかけていくでしょう。それは、宗教に対する偏見《へんけん》みたいなものを破っていく力の一つだと思うんですよね。

だから、芸能系のほうから一つ破れると思うんです。「言論で破っていくやり方」もあると思うけど、「芸能系で破っていくやり方」もあると思うので。すでに有名になった方はいっぱいいらっしゃいますけど、そういう方々が芸能系で破っていくことができればいいと思うんですね。

まあ、幸福の科学からは芸能人の（霊言《れいげん》の）本もいっぱい出てますけれども、残念ながら、信者ではない方も多いですよね。信者ではない方でも、ある程度、一定のレベルに行ってると思う方の本が出てますけれども、（本が）出たからといって、信者になってくれるわけじゃない。事務所のほうが一生懸命《いっしょうけんめい》みんな護《まも》って、「何か利用するつもりなのではないか」って、疑心暗鬼《ぎしんあんき》で様子を見てるような状態だろうと思うので。

やはり、なかから育っていく、そういうスターたちが、みんなに憧《あこが》れられるような存在になって、伝道を広げていくような、そういう力になれば素晴《すば》らしいなあと思います。

「芸能界の長老を目指して頑張《がんば》っていきたい」

芦川よしみ守護霊　まあ、私ができるのは、あと、樹木希林《ききききりん》さんみたいな、七十代でもやれるとか、八千草薫《やちぐさかおる》さんみたいに頑張《がんば》れるとかで、まだ目標としては上がいますので。あの年まで、主役が張れるぐらいまでやれたらいいなあと思う。まだ、完全に諦《あきら》めてるわけではありません。「チャンスはある」と思っていますので。

竹内　主役で出られると思っています。

芦川よしみ守護霊　場合によっては、百歳《さい》だって主役が取れる可能性はありますよ。これから高齢《こうれい》社会ですからね。百歳でも主役が取れるチャンスはまだあるので。私だって、まだ磨《みが》き終わってるとは思っていませんので、〝芸能界の長老〟を目指して、頑張りたいというふうに思っています。

小川知子《おがわともこ》さんがいらっしゃいますけれども、小川知子さんが頂点を極められたら、その次は頑張りたいというふうに思っています。

だから、間口《まぐち》を広げて、あと、「(大川隆法)先生のお仕事を側面から応援《おうえん》してさしあげたい」っていう感じですね。

まあ、本は二十万人ぐらいしか読まないかもしれないけど、芸能系は、ファンは十倍を超《こ》えて、もっともっといますので。視聴率《しちょうりつ》なんかでも、テレビなんか、「十パーセントあれば一千万人」と言われていますので。千万単位で観《み》てくれる方がいる。

自分の主張や信条を、それで披露《ひろう》するわけにはなかなかいかないですけれども、間接的影響を与《あた》えることはできるんじゃないかと思います。役者は本当に、「目

芦川よしみ守護霊が語る
「演技する心」

場合によっては、
百歳《さい》だって主役が取れる可能性はありますよ。
これから高齢《こうれい》社会ですからね。
私だって、まだ磨《みが》き終わっているとは思っていません。

の動き一つで感情を表す」というぐらいですから、ささやかな言葉やしぐさ、表情のなかで人を導いて、ファンをつくって、こちらに導いてくることは可能だと思うんですね。

だから、幸福の科学（の信者）であることを隠して生きていく人ばっかり増えてはいけないので。やっぱり、堂々とやっていて抜け出せる、〝雲の上〟に出られるところまで努力していただきたいなあと思います。

竹内　はい。壁を突《つ》き抜けてまいります。

本日は尊いご指導を賜《たまわ》りまして、ありがとうございました。

愛染・長谷川　ありがとうございました。

芦川よしみ守護霊が語る

「演技する心」

役者は本当に、
「目の動き一つで感情を表す」というぐらいですから、
ささやかな言葉やしぐさ、表情のなかで人を導いて、
ファンをつくることは可能だと思うんですね。

大川隆法　（手を一回叩《たた》く）ありがとうございました。

11 芦川よしみ守護霊の「講義」を終えて

大川隆法　どうだったでしょうか。

竹内　本当に参考になりました。今のタレントたちにいちばん必要なことをいろいろお教えいただいたと思います。

大川隆法　ああ、そうですか。

竹内　はい。

大川隆法　やはり、人は「堂々とやれるところまでのクオリティがあるかどうか」を見ているだろうと思います。
例えば、創価学会本部職員《そうかがっかい》の娘《むすめ》と言われている石原《いしはら》さとみさんなどは、やはり、クオリティが一定レベルまで行っているから、ドラマも取れるのでしょう。いわゆる「月9《げつく》」（月曜午後九時台に放送されるフジテレビの連続ドラマ）なども取れています。また、銀行の宣伝等にも出られるのは、やはり、宗教という〝マイナスの部分〟を引いても、〝プラスのほうがはるかに多い〟と見られているからでしょう。

竹内　はい。

大川隆法　ですから、やはり、突《つ》き抜《ぬ》けなければいけないと思うのです。ぜひとも突き抜けて、〝偏差値《へんさち》の圏外《けんがい》〟に出てくだされればありがたいものです。

そうなると、宗教に対する偏見はあったとしても、「その人個人としては確立している」と思えば、人はそのように見てくれるものなのです。

ぜひ、そういう人たちを数多く出したいと思っています。

長谷川　はい。

竹内　本日はありがとうございました。

大川隆法　それでは頑張《がんば》ってください。

長谷川　ありがとうございました。

あとがき

現代に女優として活躍されている人たちは、過去世《かこぜ》にどんな人として生まれていたのだろう。

本書では、芦川さんの守護霊は、『方丈記《ほうじょうき》』を著《あらわ》した鴨長明《かものちょうめい》や、弘法大師《こうぼうだいし》・空海《くうかい》の母として生まれたことがあることを語っていらっしゃる。人間の魂《たましい》というものは、本当に様々《さまざま》な経験をして、成長を続けているものだと、不思議な気持につつまれる感じがする。

まだまだ女優としての成長の余地《よち》を残しながらも、後進《こうしん》の女優・俳優たちに、一つ一つ大切な教訓をご指導下さったのではないかと思う。

今後とも当会の芸能部門にご指導を頂くとともに、大川隆法は、弘法大師・空海以上の仕事ができるかどうか、末長《すえなが》く見守って下されば有難《ありがた》いことだと思う。

二〇一六年　十一月十二日

幸福《こうふく》の科学《かがく》グループ創始者兼総裁《そうししゃけんそうさい》

ニュースター・プロダクション会長《かいちょう》　大川隆法《おおかわりゅうほう》

『守護霊メッセージ　女優・芦川よしみ　演技する心』大川隆法著作関連書籍

『南原宏治の「演技論」講義』（幸福の科学出版刊）

『「イン・ザ・ヒーローの世界へ」――俳優・唐沢寿明の守護霊トーク――』（同右）

『女神の条件　女優・小川知子の守護霊が語る成功の秘密』（同右）

『女優・北川景子　人気の秘密』（同右）

『堺雅人の守護霊が語る　誰も知らない「人気絶頂男の秘密」』（同右）

『項羽と劉邦の霊言　劉邦編――天下統一の秘術』（同右）

『エロスが語る　アフロディーテの真実』（同右）

『雲母の守護霊メッセージ　天使は演じられるものなのか』（同右）

守護霊《しゅごれい》メッセージ
女優《じょゆう》・芦川《あしかわ》よしみ　演技《えんぎ》する心《こころ》

2016年11月19日　初版第1刷

著　者　　大《おお》　川《かわ》　隆《りゅう》　法《ほう》

発行所　　幸福の科学出版株式会社

〒107-0052 東京都港区赤坂2丁目10番14号
TEL(03)5573-7700
http://www.irhpress.co.jp/

印刷・製本　株式会社 堀内印刷所

落丁・乱丁本はおとりかえいたします

ISBN978-4-86395-856-2 C0095
写真：Reggaeman ／まりーな /PIXTA ／ Africa Studio/Shutterstock.com
／ Color Symphony/Shutterstock.com

大川隆法シリーズ・美の本質に迫る

美の伝道師の使命

美的センスを磨く秘訣

美には「素材の美」「様式美」以外に、「表現美」がある——。一流の人間が醸し出す美、心と美の関係など、美的センスを高める秘訣を公開！

1,400円

女神の条件
女優・小川知子の守護霊が語る成功の秘密

芸能界で輝き続ける女優のプロフェッショナル論。メンタル、フィジカル、そしてスピリチュアルな面から、感動を与える「一流の条件」が明らかに。

1,400円

美とは何か
—小野小町の霊言—

人気女優・北川景子の過去世であり、世界三大美女に数えられる平安の歌人・小野小町が語る、世界に誇るべき「日本の美」「言霊の神秘」とは。

1,400円

幸福の科学出版

大川隆法 霊言シリーズ・人気の秘密に迫る

時間よ、止まれ。

女優・武井咲とその時代

国民的美少女から超人気女優に急成長する、武井咲を徹底分析。多くの人に愛される秘訣と女優としての可能性を探る。前世はあの世界的大女優!?

1,400円

女優・北川景子 人気の秘密

「知的オーラ」「一日9食でも太らない」など、美人女優・北川景子の秘密に迫る。そのスピリチュアルな人生観も明らかに。過去世は、日本が誇る絶世の美女!?

1,400円

魅せる技術

女優・菅野美穂 守護霊メッセージ

どんな役も変幻自在に演じる演技派女優・菅野美穂――。人を惹きつける秘訣や堺雅人との結婚秘話など、その知られざる素顔を守護霊が明かす。

1,400円

※表示価格は本体価格(税別)です。

大川隆法シリーズ・**最新刊**

トランプ新大統領で世界はこう動く

英語説法
日本語訳付き

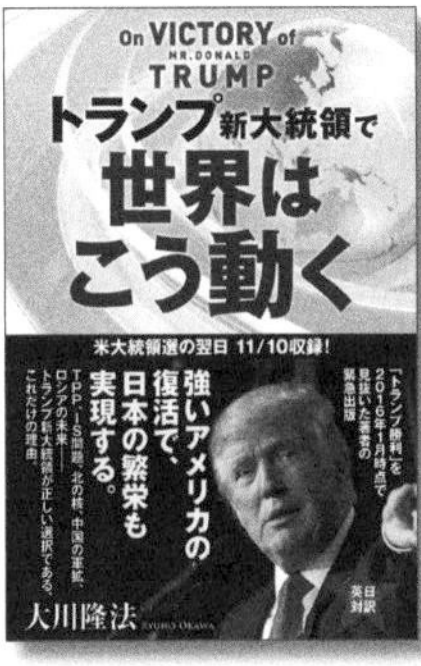

日本とアメリカの信頼関係は、再び"世界の原動力"となる——。トランプ勝利を2016年1月時点で明言した著者が示す2017年以降の世界の見取り図。

1,500円

雲母の守護霊メッセージ 天使は演じられるものなのか

天使の仕事とは何か——。映画「天使に"アイム・ファイン"」の製作秘話、そして主演女優・雲母の知られざる素顔と本心を守護霊が明かす。

1,400円

蓮如の霊言 宗教マーケティングとは何か

卓越した組織力と、類まれなる経営戦略——。小さかった浄土真宗を一代で百万人規模に発展させた"経営術"の真髄を、あの世から特別指南。

1,400円

大川隆法ベストセラーズ・地球レベルでの正しさを求めて

正義の法

憎しみを超えて、愛を取れ

テロ事件、中東紛争、中国の軍拡——。どうすれば世界から争いがなくなるのか。あらゆる価値観の対立を超える「正義」とは何かを指し示す。

2,000円

地球を救う正義とは何か

日本と世界が進むべき未来

日本発"世界恐慌"の危機が迫っている!?イスラム国のテロや中国の軍拡など、国内外で先の見えない時代に、「地球的正義」を指し示す一冊。

1,500円

未来へのイノベーション

新しい日本を創る幸福実現革命

経済の低迷、国防危機、反核平和運動……。「マスコミ全体主義」によって漂流する日本に、正しい価値観の樹立による「幸福への選択」を提言。

1,500円

※表示価格は本体価格(税別)です。

大川隆法ベストセラーズ・心が明るく晴れやかになる！

アイム・ファイン

自分らしくさわやかに生きる 7つのステップ

読めば心がスッキリ晴れ上がる、笑顔と健康を取り戻すための知恵が満載。あなたの悩みの種が「幸福の種」に。

1,200円

聖地エル・カンターレ
生誕館記念映画

天使に I'm fine! アイム・ファイン

製作総指揮 **大川隆法**

映画「天使に"アイム・ファイン"」

DVD・Blu-ray 12月16日発売！

2016年3月に公開され、多くの反響を呼んだ映画「天使に"アイム・ファイン"」のDVDとBlu-rayが遂に登場。純粋な天使の姿が、あなたの心を元気にします！

映画「天使に"アイム・ファイン"」
DVD・Blu-ray

価格／DVD:4,980円（税込）
　Blu-ray:5,980円（税込）
発売時期／2016年12月16日（金）
　販売&レンタル同時スタート
販売場所／全国の書店、ネット販売
　（幸福の科学出版公式サイト、Amazon）、
　CDショップ（客注販売）
レンタル（DVDのみ）／TSUTAYA、GEO
お問い合わせ／
　販売元 幸福の科学出版（03-5573-7700）

「一人ひとりを幸福にし、世界を明るく照らしたい」——。
その理想を目指し、幸福の科学グループは宗教を根本《こんぽん》にしながら、
幅広い分野で活動を続けています。

宗教活動

幸福の科学【happy-science.jp】

- 支部活動【map.happy-science.jp（支部・精舎へのアクセス）】
- 精舎（研修施設）での研修・祈願【shoja-irh.jp】
- 学生局【03-5457-1773】
- 青年局【03-3535-3310】
- 百歳まで生きる会（シニア層対象）
- シニア・プラン21（生涯現役人生の実現）【03-6384-0778】
- 幸福結婚相談所【happy-science.jp/activity/group/happy-wedding】
- 来世幸福園（霊園）【raise-nasu.kofuku-no-kagaku.or.jp】

来世幸福セレモニー株式会社【03-6311-7286】

株式会社 Earth Innovation【earthinnovation.jp】

30th
おかげさまで30周年
2016年、幸福の科学は
立宗30周年を迎えました。

社会貢献

ヘレンの会（障害者の活動支援）【helen-hs.net】
自殺防止活動【withyou-hs.net】
支援活動

- 一般財団法人
「いじめから子供を守ろうネットワーク」【03-5719-2170】
- 犯罪更生者支援

国際事業

Happy Science 海外法人
【happy-science.org（英語版）】【hans.happy-science.org（中国語簡体字版）】

教育事業

学校法人 幸福の科学学園
- 中学校・高等学校（那須本校）【happy-science.ac.jp】
- 関西中学校・高等学校（関西校）【kansai.happy-science.ac.jp】

宗教教育機関
- 仏法真理塾「サクセスNo.1」(信仰教育と学業修行)【03-5750-0747】
- エンゼルプランV（未就学児信仰教育）【03-5750-0757】
- ネバー・マインド（不登校児支援）【hs-nevermind.org】
  - ユー・アー・エンゼル！運動(障害児支援)【you-are-angel.org】

高等宗教研究機関
- ハッピー・サイエンス・ユニバーシティ（HSU）【happy-science.university】

政治活動

幸福実現党【hr-party.jp】
- <機関紙>「幸福実現NEWS」
- <出版> 書籍・DVDなどの発刊
- 若者向け政治サイト【truthyouth.jp】

HS政経塾【hs-seikei.happy-science.jp】

出版 メディア 関連事業

幸福の科学の内部向け経典の発刊

幸福の科学の月刊小冊子【info.happy-science.jp/magazine】

幸福の科学出版株式会社【irhpress.co.jp】
- 書籍・CD・DVD・BDなどの発刊
- <映画>「UFO学園の秘密」【ufo-academy.com】ほか８作
- <オピニオン誌>「ザ・リバティ」【the-liberty.com】
- <女性誌>「アー・ユー・ハッピー？」【are-you-happy.com】
- <書店> ブックスフューチャー【booksfuture.com】
- <広告代理店> 株式会社メディア・フューチャー

メディア文化事業
- <ネット番組>「THE FACT」【youtube.com/user/theFACTtvChannel】
- <ラジオ>「天使のモーニングコール」【tenshi-call.com】

スター養成部（芸能人材の育成）【03-5793-1773】

ニュースター・プロダクション株式会社【newstar-pro.com】

幸福実現党

党の機関紙「幸福実現NEWS」

内憂外患《ないゆうがいかん》の国難に立ち向かうべく、2009年5月に幸福実現党を立党しました。創立者である大川隆法党総裁の精神的指導のもと、宗教だけでは解決できない問題に取り組み、幸福を具体化するための力になっています。

幸福実現党 釈量子サイト
shaku-ryoko.net

Twitter
釈量子@shakuryokoで検索

若者向け政治サイト「TRUTH YOUTH」

若者目線で政治を考えるサイト。現役大学生を中心にしたライターが、雇用問題や消費税率の引き上げ、マイナンバー制度などの身近なテーマから、政治についてオピニオンを発信します。

truthyouth.jp

幸福実現党 党員募集中

あなたも幸福を実現する政治に参画しませんか

○ 幸福実現党の理念と綱領、政策に賛同する18歳以上の方なら、どなたでも党員になることができます。
○ 党員の期間は、党費（年額 一般党員5,000円、学生党員2,000円）を入金された日から1年間となります。

党員になると

党員限定の機関紙が送付されます（学生党員の方にはメールにてお送りします）。
申込書は、下記、幸福実現党公式サイトでダウンロードできます。

住所 **〒107-0052**
東京都港区赤坂2-10-8 6階
幸福実現党本部

TEL **03-6441-0754**
FAX **03-6441-0764**
公式サイト **hr-party.jp**

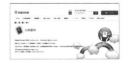

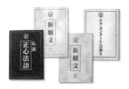